MES
SOUVENIRS
LITTÉRAIRES

ÉMILE COLIN — IMPRIMERIE DE LAGNY

MES SOUVENIRS littéraires

PAR

CHARLES MONSELET

PARIS

A LA LIBRAIRIE ILLUSTRÉE

7, RUE DU CROISSANT, 7

Tous droits réservés.

MES SOUVENIRS

D'UN SOUPER

OFFERT PAR BALZAC

I

Le 6 avril 1835, on jouait pour la première fois au théâtre des Variétés, à Paris, *le Père Goriot*, comédie-vaudeville en trois actes.

Le même soir, le théâtre du Vaudeville, situé alors rue de Chartres, donnait la première représentation d'une pièce en deux actes, s'appelant également *le Père Goriot*.

Ces deux ouvrages étaient extraits l'un et l'autre du roman de M. H. de Balzac, mais les administrations des deux théâtres comptaient assez sur l'intelligence du public pour avoir jugé inutile de le lui apprendre sur l'affiche.

C'était alors la grande vogue du célèbre écrivain. Lui, dont on a tant contesté les facultés dramatiques, aujourd'hui si unanimement reconnues, ne pouvait produire un roman sans le voir immédiatement transporté à la scène par des personnes excessivement complaisantes qui n'avaient qu'un tort : c'était de ne pas lui demander son autorisation. Mais, en ce temps-là, il paraît que les gens de théâtre pouvaient se passer de cette formalité.

Jusqu'en 1835, on avait donc emprunté à Balzac une demi-douzaine de pièces : *le Colonel Chabert*, *le Gars* (tirée des *Chouans*), *De l'Or !* (tirée de *Balthazar Claës*), *Valentine* (tirée de la *Grande Bretèche*), etc., etc. Elles avaient toutes plus ou moins réussi, et il ne s'était formalisé qu'à demi du manque de procédé des emprunteurs. Mais le succès exceptionnel de *la Fille de l'Avare* vint lui ouvrir les yeux. — On sait que *la Fille de l'Avare* n'est autre chose que le magnifique roman de Balzac, *Eugénie Grandet*, découpé et arrangé en vaudeville par M. Bayard.

Ces vaudevillistes ont été trop calomniés décidément ; on est allé quelquefois jusqu'à leur refuser le sens littéraire ; on a prétendu qu'ils ne comprenaient rien aux chefs-d'œuvre et qu'ils n'appréciaient pas les grands talents. — Erreur ! injustice ! parti pris de dénigrement ! — M. Bayard s'était chargé de répondre victorieusement à ces basses attaques en prouvant qu'il savait dénicher les bonnes choses et qu'il se tenait au courant du mouvement intellectuel de son époque. Ce n'était pas cependant qu'il professât une vive tendresse à l'égard des écrivains appelés alors *romantiques*. Ah ! pour cela, non ! Il n'en a eu que plus de mérite à avoir généreusement mis en lumière M. de Balzac au temps où celui-ci n'était encore que *le plus fécond des romanciers*, — un surnom qu'il devait à la stupéfaction générale pour avoir publié quatre volumes dans une année. O temps bienheureux et primitif ! âge de simplesse et d'ébahissement à bon marché !

Ce digne M. Bayard — un neveu de Scribe, s'il vous plaît — fut héroïque lorsqu'on y songe. Personne ne le forçait à cet acte de grandeur, notez-bien ; il courait le risque, au contraire, d'y perdre un peu de considération auprès de ses doctes confrères. Il fut hardi jusqu'à la témérité en adaptant *Eugénie Grandet* ; peut-être ne se rendit-il pas compte du péril ; je serais tenté de le croire, aujourd'hui que plus d'un demi-siècle a passé sur ces faits inouïs. Il eut des procédés exquis ; il popularisa une œuvre destinée sans doute à végéter obscurément chez le libraire ; il remporta un gros succès, — ce qui dut procurer beaucoup de joie au pauvre Balzac et lui ouvrir les yeux sur sa valeur.

La *Fille de l'Avare* fut représentée un nombre considérable de fois, tant à Paris qu'en province. Mais la question, la grosse question de la propriété littéraire qui s'agitait déjà n'en fit pas un pas de plus. Vainement Alphonse Karr avait-il ouvert la campagne et proposé d'écrire en tête du Code cette formule à la La Palisse : « La propriété littéraire est une propriété », les légistes se bouchaient les oreilles. Tous les écrivains étaient logés à la même enseigne. On dévalisait *la Salamandre* et *Atar Gull* d'Eugène Sue. On prenait la *Chro-*

nique de Charles IX de Mérimée pour en faire le *Pré aux Clercs*. Bref, le scandale était général, et l'on sentait que la patience commençait à manquer aux auteurs lésés. Balzac lui-même perdait patience ; déjà, on l'avait vu casser une vitre d'un libraire au Palais-Royal, où s'étalait impudemment un de ses ouvrages contrefaits en Belgique. Depuis, il s'était promis de ne laisser passer aucune atteinte à sa propriété sans en tirer vengeance d'une façon ou d'une autre.

Sur ces entrefaites, le *Père Goriot* venait de faire beaucoup de bruit sous la forme du roman ; on pouvait supposer qu'il en ferait autant sous la forme du théâtre. Tentés à la fois, les Variétés et le Vaudeville indiquèrent ce sujet à leurs fournisseurs accrédités. Ils se mirent trois pour le *Père Goriot* des Variétés, trois qui avaient une réputation d'habileté : M. Jaime père, M. de Comberousse et M. Théaulon. En dépit de leur esprit, ils n'aboutirent qu'à un demi-succès. La pension bourgeoise de la maman Vauquer pouvait leur fournir un curieux tableau ; il n'en fut rien. En revanche, ils trouvèrent une scène très dramatique ; ce fut celle où le père Goriot, ruiné, dépouillé par ses enfants, entend un de ses gendres déclarer qu'il vient d'obtenir du ministre l'autorisation nécessaire pour le placer à Bicêtre. A la suite de cette révélation foudroyante, le vieillard reconquiert toute son énergie ; la situation était très bien rendue par Vernet, chargé du rôle de l'ancien vermicellier.

L'autre *Père Goriot*, celui du Vaudeville, n'avait que deux actes, ainsi que je l'ai dit ; il n'avait que deux auteurs aussi ; mais parmi ces deux auteurs il y avait un académicien, M. Ancelot. Malgré l'académicien, le succès fut encore plus négatif qu'au boulevard Montmartre ; l'intrigue parut plus mutilée et plus défigurée. Rastignac avait été changé en Jules de Savigny. L'énergique et pittoresque Vautrin était devenu un vulgaire commis voyageur du nom de Martel. Le second acte ne s'acheva pas sans protestation de la part des spectateurs ; la chute s'accentua graduellement par des sifflets et des cris sans cesse répétés de : *Assez ! assez !*

II

N'importe. Ce fut une originale soirée que celle qui vit les deux *Père Goriot*. A mesure que l'heure marchait, la vengeance méditée par Balzac s'avançait, vengeance savamment préparée, vengeance de grand seigneur en même temps que d'homme d'esprit et de goût. On va en juger :

Quelques minutes avant la fin du spectacle, deux chaises de poste s'arrêtèrent devant le Vaudeville, précédées de plusieurs porteurs de torches à cheval qui répandaient sur la voie publique une brillante clarté.

A peine le rideau était-il tombé, que chacun des artistes de l'un et de l'autre théâtre recevait dans sa loge une lettre ainsi conçue :

« Monsieur (ou Madame),

» M. de Balzac vous prie de vouloir bien lui faire l'honneur d'accepter à souper, à l'issue de la représentation du *Père Goriot*, au château de Madrid, au bois de Boulogne.

» Les voitures qui auront amené les invités les attendront pour les ramener. »

Les acteurs se communiquèrent immédiatement cette lettre ; aucun d'eux n'eut l'idée de refuser l'invitation de l'illustre romancier, connu par ses excentricités.

Ils montèrent sur-le-champ en voiture. C'étaient, ceux des Variétés : Vernet, que nous avons déjà nommé, le comédien de race, — Dumoulin, mademoiselle Pougaud, mademoiselle Jollivet et mademoiselle Atala Beauchêne, toute jeune alors.

C'étaient, ceux du Vaudeville : Lepeintre aîné, un talent consciencieux et d'école, — Fontenay, Emile Taigny, Brindeau, qui commençait sa carrière, madame Thénard, une des plus jolies femmes de Paris, madame Guillemin, la meilleure duègne de l'époque.

Lorsqu'on se compta, on s'aperçut qu'il n'y avait eu d'oubliés que les cinq auteurs des deux pièces et les deux directeurs. Ceux-là, ébahis, restèrent sur le trottoir à voir partir à bride abattue les quatre chaises de poste faisant jaillir des étincelles du pavé nocturne et sonore.

On arriva au château de Madrid, qui était un restaurant *fashionable*, selon l'expression usitée. Là, on trouva sur le perron M. de Balzac — car on lui donnait du *Monsieur*, comme à M. Thiers — M. de Balzac, court, joyeux, bedonnant, remuant, roulant, tel que la gravure et la lithographie l'avaient popularisé ; M. de Balzac aux longs cheveux noirs répandus sur les épaules, aux yeux d'escarboucles, au nez en bouchon de carafe, à la lèvre bonne, à la moustache coquette, aux dents blanches, aux mains de prélat, au cou de taureau.

Il avait revêtu pour la circonstance l'habit bleu à boutons de métal qu'il louait chez un tailleur et qui lui apparaissait comme la suprême expression de l'élégance. A la main, il tenait cette fameuse canne à pomme de turquoise dont on a tant parlé et qui a inspiré à madame Emile de Girardin ce roman intitulé ; *La canne de M. de Balzac.*

Comme d'un état-major, il était entouré de trois de ses amis les plus intimes : Laurent-Jean, Jules Sandeau et Roger de Beauvoir.

Il se précipita au-devant des comédiens et

leur serra la main avec cette chaleur expansive qu'il possédait à un si haut degré et une incroyable multiplicité de gestes.

— Merci, leur dit-il, merci mille fois d'avoir accepté mon invitation, et surtout de n'en avoir pas été étonnés... Je me considère comme votre obligé, et je le suis, en effet, car vous m'avez fait soupçonner ce que j'étais capable de faire au théâtre avec des interprètes comme vous... vous, mon cher Vernet, le naturel et la profondeur en personne ; vous, Taigny, la légèreté et le bon ton ; vous, Brindeau, aussi excellent dans le drame que dans la comédie... Et vous, mesdames, vous, la beauté, l'esprit, le charme ! Tous tant que vous êtes, vous avez compris ma pensée à travers les voiles dont on l'a surchargée. Qu'aurait-ce donc été si vous aviez eu à la rendre sans intermédiaire ?... Patience, mes chers amis, patience ! Le jour n'est pas loin où je pourrai aborder ces planches dont on voudrait m'écarter, ces planches pour lesquelles je suis né ! Oui, je me sens né pour le théâtre ! le théâtre !! le théâtre !!!

Et tout à sa marotte, il se mit à se développer

ses théories, à exposer ses plans, raconter les pièces qu'il avait dans la tête, à promettre aux uns et aux autres des rôles faits à leur taille. Et ainsi pérorant, s'exaltant, gesticulant, il semblait un autre Hamlet au milieu de la troupe d'Elseneur, ou un autre Diderot recommençant le *Paradoxe du Comédien*. Il se grisait de sa parole plus que de son champagne.

Le repas fut très gai. Pouvait-il en être autrement là où était Honoré de Balzac ? Par un sentiment très compréhensible de délicatesse, il ne fut pas question une seule minute des non-invités.

Quant au rapport gastronomique, ce que fut cette petite fête, je l'ignore ; mais on sait que Balzac menait à bien tout ce qu'il lui plaisait d'entreprendre ; joignez à cela le bon renom du restaurant de Madrid, la présence de Roger de Beauvoir et de Brindeau, deux brillantes fourchettes, — et tout laisse à supposer un honnête festin.

Parmi les auteurs exclus de cette soirée, j'en rappellerai un, M. Jaime père (mort commissaire de police à Versailles), qui devait plus tard se venger de cette exclusion en entraînant Balzac dans une demi-chute. Voici comment. Il écrivit en collaboration avec lui une comédie en cinq actes, intitulée : *Paméla Giraud*, qui fut représentée en 1843, au théâtre de la Gaîté. On peut considérer *Paméla Giraud* comme la plus faible des tentatives dramatiques de Balzac; elle a été reprise plusieurs fois et toujours avec le même insuccès.

C'est de M. Jaime père que je tiens les détails qui m'ont servi à reconstruire l'historique de la soirée du 6 avril 1835.

LES PENDULES

DU

VICOMTE D'ARLINCOURT

I

Chaque expert, à l'hôtel Drouot, a ses habitudes, ses tics, pour donner de l'importance aux ventes qu'il dirige. J'ai en vue l'expert F..., en parlant ainsi. Toutes les fois, par exemple, que F... mettait sur table une pendule en albâtre représentant un troubadour pinçant du luth ou une bergeronnette cueillant des fleurs, spécimen grotesque de l'art sous la Restauration, il ne manquait pas d'ajouter : *ayant appartenu au vicomte d'Arlincourt.*

Ces mots lui semblaient devoir être irrésistibles. Mais la plupart du temps, le public restait froid comme le bloc qu'on lui offrait, car, excepté quelques vieilles gens à tabatière, — qui est-ce qui se souvenait du vicomte d'Arlincourt et de ses œuvres ? Et cependant personne, à un certain moment, n'avait été plus célèbre que lui ; il l'avait été autant que Chateaubriand, cet autre vicomte, et que Paul de Kock, cet autre romancier. Excusez l'irrévérence du rapprochement.

Le romantisme a eu ses fantoches ; le vicomte d'Arlincourt est de ceux-ci. Et d'abord, de par l'euphonie de son nom, ne semble-t-il pas, au premier aspect, prédestiné à prendre place parmi la troupe gazouillante et prétentieuse des Célimare, des Valincourt, des Floricourt, des Dorival et autres paladins du siècle de Charles X ? Bienheureux fut l'auteur du *Solitaire* d'être né riche et titré, les cheveux bouclés comme lord Byron ! Sans cet accompagnement indispensable aux yeux de la postérité, sans blason, sans fortune, sans hôtels, il est à supposer que le prolétaire Arlincourt aurait fait piètre mine dans l'arène littéraire. Quoi qu'il en soit, il m'a paru intéressant d'esquisser la physionomie de ce dernier troubadour et de compter les pendules qui ont contribué à sa gloire.

II

Première pendule :

« Le char de la nuit roulait silencieux sur les plaines du ciel. La neige tombait à gros flocons, et les vents soufflaient avec violence contre les vieilles arcades du couvent d'Underlach. Le baron d'Herstall, vieillard courbé sous le poids des ans, allume sa lampe au foyer presque éteint de la tour qu'il habite, et se dirige lentement vers la chapelle où, chaque soir, il adresse sa prière à l'Eternel !... »

Un joli sujet, n'est-ce pas ?

Tel est le début du *Solitaire*, de ce fameux *Solitaire*, qui, s'il ne fut pas le premier ouvrage du vicomte d'Arlincourt, fut du moins son premier succès, succès colossal, formidable, universel, dont le retentissement ne connut point de limites. Paru en 1821, le *Solitaire* était parvenu, en 1826, à sa onzième édition, ce qui, pour l'époque, était un chiffre considérable ; il fut traduit en quatorze langues *différentes*, comme disent les prospectus. De plus il inspira plusieurs pièces de théâtre, au premier rang desquelles il faut citer l'opéra de Planard et de Carafa, dont la ballade voltigea longtemps sur les lèvres de toute une génération :

    Qui traverse à la nage
    Nos rapides torrents ?
    Qui, sur un roc sauvage,
    Va défier les vents ?
    A l'ours, dans sa tanière,
    Qui donne le trépas?
    De la biche légère
    Qui devance les pas?
    Chut !... c'est le Solitaire?

        Il fait tout,
        Il voit tout,
        Il sait tout,
        Est partout !

    Qui jette un sortilège
    Sur nos pauvres troupeaux ?
    Qui glace sous la neige
    Nos moissons, nos côteaux ?
    Qui féconde la terre ?
    Qui fait fleurir nos bois?
    Qui rend le ciel prospère
    A tous nos villageois?
    Chut !... c'est le Solitaire

Il fait tout,
Il voit tout,
Il sait tout,
Est partout !

Qui sèche sur la branche
Nos fruits prêts à mûrir,
Et sous cet avalanche
Qui vient nous engloutir ?
Qui console une mère
En retirant des flots
Un enfant téméraire
Disparu sous les eaux ?
Chut !... c'est le Solitaire !

Il fait tout,
Il voit tout,
Il sait tout,
Est partout !

Le *Solitaire* étant aujourd'hui très effacé des mémoires humaines, je ne vois pas d'inconvénient à en donner un bref aperçu destiné à rester comme un échantillon d'une littérature disparue. Un fragment d'une Pompéï écrite. — Disons tout d'abord ce que c'est que ce *Solitaire*, qu'on appelle aussi l'*Inconnu du Mont-Sauvage* ou le *Fantôme sanglant du Pic terrible*. C'est un individu mystérieux qui habite seul un ermitage situé au sommet des rochers les plus inaccessibles de la Suisse, non loin du lac de Morat. Personne ne peut dire son nom, nul ne peut se vanter d'avoir contemplé ses traits ; mais, de quelque apparence fantastique dont il aime à s'environner; malgré le manteau écarlate qui recouvre ses épaules, ce n'en est pas moins un bon solitaire, une excellente pâte d'inconnu. Il n'a qu'une manie, c'est de jouer du luth à tout propos. — Oh ! le luth ! — C'est l'ustensile qui a le plus discrédité le romantisme...

Ces allures étranges n'ont pas manqué d'exciter la curiosité de la jeune et belle Elodie, la nièce du baron d'Herstall, de ce même vieillard que nous venons de voir se promener une lampe à la main. Elodie est connue aussi sous le nom de la *Vierge d'Underlach* et sous celui de la *Colombe du Monastère* ; pour tracer son portrait, le vicomte d'Arlincourt a trempé son pinceau dans toutes les couleurs de l'arc-en ciel. C'est la rose du matin, le lys du vallon, la perle de l'Helvétie.

De son côté, le Solitaire du Mont-Sauvage, s'il ne tient pas à se laisser connaître, tient du moins à connaître les autres ; il n'a pu voir la céleste Élodie sans en devenir éperdument amoureux. Il la guette à toute heure et ne cesse de chanter ses attraits sur le luth ; un jour même, il pousse l'audace jusqu'à ravir un ruban bleu tombé de la ceinture de l'orpheline d'Underlach ; mais bientôt, rougissant de son action, il le lui rend en lui tenant ce langage qui peut passer pour le modèle le plus achevé du galimatias : « Vierge d'Underlach, pardonnez à l'homme de l'adversité qui, peu maître des mouvements de son cœur, crut qu'un ruban qu'avait porté l'innocence pouvait en talisman céleste, purifier sa sombre demeure et rendre le repos à son âme ! »

Le Solitaire n'est pas seul à soupirer pour la tendre Élodie ; il y a aussi le jeune Ecbert, comte de Norindal ; celui-ci lui offre vainement son cœur et son nom ; il en est repoussé et il se voit alors forcé de l'enlever. Aidé d'une cohorte de ses guerriers, il s'embusque un soir sur son passage, et il l'oblige à monter dans une voiture, malgré ses cris déchirants. « En ce moment, l'astre nocturne sort des nuages épais qui voilaient son disque argenté... Quelle voix terrible a soudain fait retentir la forêt ? A l'extrémité du pont du torrent, quel est cet écu armorié, qui, par son immense contour, rappelle le bouclier du fils de Thétis ? »

On n'a pas de peine à deviner que c'est le Solitaire, toujours le Solitaire. Il disperse, extermine, taille en pièces de sa formidable épée l'escorte du comte de Norindall; mais devant Norindall lui-même il s'arrête, il hésite, — il relève la visière de son casque et il lui lance un de ces regards qui semblent dire : « Va m'attendre dans une heure à la cime du Mont-Sauvage ! » Ces gens extraordinaires ont la rage de se donner des rendez-vous dans des endroits impossibles.

A cette pantomime, Norindall pâlit, et baisse la tête en signe d'obéissance, pendant que le Solitaire fait retourner la voiture qui renferme Elodie à moitié évanouie. C'est ensuite dans l'entretien qui a lieu entre les deux rivaux qu'on apprend ce que c'est que le Solitaire : — c'est Charles-le-Téméraire, ce fameux duc de Bourgogne, ce fléau du genre humain, celui que si longtemps l'on crut mort sous les murs de Nancy. Sauvé et recueilli par un page, il est venu exercer incognito chez les Suisses la profession de fantôme sanglant et de joueur de luth.

Voilà la belle invention du vicomte d'Arlincourt.

A partir de ce moment, l'intérêt qui s'était attaché jusque-là au Solitaire, ce grossier intérêt s'évanouit. Devenu un homme comme les autres, dépouillé de tout mystère, on cesse de s'intéresser à ses aventures, qui, d'ailleurs rentrent dans l'ordre commun. A bout de trucs, il songe à s'unir à Elodie par un mariage bourgeois, mais il ne trouve pas un prêtre pour les bénir. Ces deux êtres exceptionnels finissent par mourir de leur mort naturelle, à peu de jours de distance, avec accompagnement d'éclairs et de tonnerres, de bruissements de sapins et de cris d'orfraie. Le Solitaire enterre de ses mains la Vierge d'Underlach, à côté de sa propre tombe, au sommet du Mont-Sauvage.

Ainsi s'achève ce livre vertigineux, qui n'a jamais eu son équivalent ni chez Ducray-Duminil, ni chez madame Cottin, ni chez Anne Radcliffe.

III

Il ne faudrait pas croire cependant qu'un pareil monument de charabia n'ait rencontré aucune protestation. Ce serait à croire que l'esprit eût déserté la France à cette époque. Balzac s'en est moqué très gaîment dans *Un grand Homme de province à Paris*, en introduisant le lecteur dans un bureau de rédaction de petit journal, où sont affichées des caricatures avec des légendes qui parodient des inversions célèbres du vicomte :

« Le *Solitaire* en province paraissant, les femmes étonne. — Dans un château, le *Solitaire* lu. — Effet du *Solitaire* sur les domestiques animaux. — Chez les sauvages le *Solitaire*, traduit en chinois et présenté par l'auteur, de Pékin à l'Empereur. — Par les journaux, le *Solitaire* sous un dais promené en triomphe processionnellement. — Le *Solitaire*, faisant éclater une presse, les ours blesse. — Lu à l'envers, surprend le *Solitaire* les académiciens par des supérieures beautés. »

Pendant ce temps-là, le public des Variétés fredonnait, toujours sur l'air de Carafa, ce vaudeville de Désaugiers :

> Qu'est-ce qui d'la figure
> Observe l'moins les traits ?
> Qu'est-ce qui d'la nature
> Connaît l'mieux les secrets ?
> A la chaleur trop forte
> Qui brûle notre sang,
> Qu'est-ce qui bien vite apporte
> Un r'mède adoucissant ?
> Chut !... c'est l'Apothicaire
>
> Qui voit tout,
> Qui sait tout,
> Entend tout,
> Est partout !

Bien que la vogue lui vint tout naturellement, le vicomte d'Arlincourt n'en savait pas moins soigner sa gloire ; on a prétendu qu'il n'épargnait pour cela ni démarches ni argent. On le voyait gravir l'escalier des plus petits journaux ; Charles Maurice ne lui faisait pas peur, malgré sa réputation de condottière. Lors de l'apparition des *Ecorcheurs ou l'Usurpation et la Peste*, il lui envoyait la préface en épreuves, et il lui écrivait : « Si vous vouliez l'insérer dans le *Courier des Théâtres*, en totalité ou en partie, cela me ferait plaisir... Madame la vicomtesse d'Arlincourt me charge de vous dire qu'elle serait charmée de vous voir. » Et quelque jours plus tard : « ... Veuillez constater le succès des *Ecorcheurs* dans une annonce pour demain, *en attendant les grands articles*. Vous seriez bien aimable d'en faire plusieurs. Mais, je vous le demande en grâce, point d'analyse ; cela déflore un roman et ôte l'envie de le lire. Quand les secrets du livre sont sus d'avance, le charme se détruit. »

Un malin, comme on voit ! — Mais quoi qu'il en ait été de ses autres romans, et malgré la frénésie travaillée de leurs titres, il ne retrouva pas avec eux le succès du *Solitaire*. Vainement chercha-t-il avec son *Ipsiboë* la veine heureuse de l'*Ivanhoé* de Walter Scott ; vainement demanda-t-il à ses *Ecorcheurs*, cités tout à l'heure, un succès ramassé dans les allusions politiques, il resta toute sa vie l'auteur du *Solitaire*. C'était déjà bien assez joli comme cela.

Il voulut tâter du théâtre, comme il avait tâté du poème épique, et il transporta à la rampe ses effets terrifiants. Il écrivit pour l'Ambigu la *Peste Noire*, un drame hurlant et rugissant, que le directeur ne consentit à jouer qu'à la condition que l'opulent vicomte contribuerait aux frais de la mise en scène. Il faut croire que les casques et les cottes de maille étaient hors de prix cette année-là ; M. d'Arlincourt s'exécuta, mais il n'en fut pas récompensé. S'il était en poésie de la force de Viennet, il était en art dramatique de la force de maître André, l'auteur du *Tremblement de terre de Lisbonne*. Il en resta là de cette tentative.

Vinrent les événements de 1848. Profondément légitimiste, et plus que jamais épris de popularité, il chercha dans une dernière transformation à retenir l'attention publique. Il publia un grand nombre de brochures politiques, dont la plus célèbre est restée celle qui a pour titre : *Dieu le veult !* C'est vers cette époque que je l'aperçus plusieurs fois, c'était un vieillard au nez pointu, qui avait gardé le goût des fêtes et des réceptions ; —

mais déjà le temps lui était mesuré, et l'heure n'était pas éloignée où il allait reposer près de M. de Marchangy, un autre amateur de pendules.

LE GÉNÉRAL HUGO

Je viens de trouver sur le quai Voltaire les *Mémoires du général Hugo*, le père de notre grand poète. Cet ouvrage, devenu très rare en librairie, se compose de trois volumes in-8 ; il parut en 1823, du vivant de l'auteur, chez le fameux Ladvocat, qui l'annonça comme la première livraison d'une publication considérable qu'il voulait entreprendre sous ce titre : *Mémoires des généraux français*.

J'ignore quelle fut la fortune des *Mémoires du général Hugo*. C'était alors une épidémie de Mémoires, une inondation de Souvenirs historiques. La critique avait fort à faire pour établir la part du bon et du mauvais, de l'utile et du frivole.

Ce n'était certes point par la frivolité que se faisaient remarquer les *Mémoires du général*

Hugo. Au contraire. Ils ont une allure rude, une forme brève, quelque chose de précis qui sont la consigne et la discipline. La plupart de l'imagination y est nulle. Voici, sous ce rapport, la profession de foi nettement formulée par l'auteur au début de son ouvrage :

« Les Mémoires d'un homme public ne doivent se composer que de ce qui peut intéresser l'histoire ou servir à l'instruction de la classe à laquelle ils s'appliquent plus spécialement. Tous autres détails, comme ceux de la naissance, de l'éducation, des premiers actes de l'enfance, y doivent figurer rarement.

» Je pourrais cependant comme un autre, et sans manquer à la vérité, écrire que je dois le jour à d'honnêtes gens, dont rien n'égala mieux les vertus que l'excellente réputation qu'elles leur méritèrent. Je pourrais rapporter, comme marques indicatives de caractère, quelques combats de collège ou quelques traits saillants de fermeté ; je pourrais enfin parler de mes liaisons de famille et d'intérêts, mais sans doute on tirerait peu de fruit de ces détails toujours insidieux... »

Ce système est bien sévère, et, s'il était

adopté, il limiterait singulièrement le public des lecteurs. Je crois qu'un peu de détente ne messied pas, même en tragédie. Or, les Mémoires du général Hugo sont exclusivement stratégiques. Il pousse l'oubli de lui-même jusqu'à dédaigner de faire connaître le lieu et la date de sa naissance. Ce n'est que par la suite des événements qu'on apprend qu'il avait deux frères, devenus l'un colonel, l'autre général comme lui.

* * *

Le général Hugo ne commence son récit qu'à partir de son entrée au service, en 1788. Rien n'était advenu pour lui avant cela. Il fit partie, dans les premiers temps, de l'armée du Rhin, qu'il quitta pour aller en Vendée avec le grade d'adjudant-major capitaine. Il apporta le plus d'humanité possible dans cette guerre de buissons et de clochers.

On le retrouve plus tard à l'état-major de Moreau; il est nommé chef de bataillon sur le champ de bataille de Dillingen. A Lunéville, il fait connaissance avec Joseph Bonaparte, événement qui devait avoir une grande influence sur son avenir tout entier. Hugo suivit, en effet, la fortune du frère de l'empereur par tout pays.

A Naples, il se distingua par la capture de Fra Diavolo. Ce Fra Diavolo n'était pas tout à fait celui de M. Scribe et de l'Opéra-Comique. C'était un chef de partisans plutôt qu'un bandit; il combattait pour l'indépendance de son pays, ce qui n'a jamais été considéré comme un acte de brigandage. Ferdinand IV l'avait fait duc de Casano; il avait, en outre, le grade de brigadier des armées du roi.

Il ne fallut rien moins que toute l'énergie et toute l'habileté du général Hugo pour réduire ce Fra Diavolo, qui de son vrai nom s'appelait Michel Pezza. Le général, rendant hommage à sa bravoure, aurait voulu avoir pour lui la vie sauve; il la demanda même au roi; mais Joseph Bonaparte avait des instructions secrètes, et le bandit Fra Diavolo paya pour le patriote Pezza.

« J'allai le voir en prison avant sa condamnation, — dit le général dans ses *Mémoires*, — mais, quoique je l'eusse bien vu au combat de Boiano, il ne me reconnut pas. Je l'entendis beaucoup parler de moi avec les personnes qui m'accompagnaient. — Je me serais sauvé, leur dit-il, sans la vigueur et la persévérance avec laquelle *il* m'a poursuivi! — Fra Diavolo était de petite stature; son œil était vif et pénétrant; son caractère, ferme quelquefois cruel; son esprit fin, on dit même cultivé... »

Cette expédition fit beaucoup d'honneur au général Hugo et commença à populariser son nom. Il semblait pouvoir vivre heureux à la cour de Naples; Joseph Bonaparte l'avait créé maréchal de son palais et commandeur de son ordre. Mais on comptait sans le *grand frère* de Paris, ce capricieux tyran. Un beau jour, sur son ordre, Joseph dut échanger la couronne de Naples pour celle des Espagnes et des Indes.

Le général Hugo suivit Joseph Bonaparte.

*
* *

La partie de ses *Mémoires* qui a trait à son séjour en Espagne abonde en renseignements. On sait combien cette période de l'histoire de l'empire est hérissée de broussailles. Le général Hugo retrouva en Castille la guerre de Vendée. Là aussi on lui donna des partisans à traquer dans les montagnes; l'Empecinado succéda à Fra Diavolo.

Il s'agissait de faire aimer Joseph Bonaparte aux Espagnols. Ce n'était pas facile, en dépit des excellentes qualités de ce souverain de rencontre. Chose singulière! on serait plutôt allé vers Napoléon, si brutal qu'il fût. Un trait le prouve, raconté par le général Hugo.

Un convoi de prisonniers espagnols fut rencontré par un colonel français, qui leur dit:

— Criez: Vive le roi Joseph!

Les prisonniers crièrent tous: Vive l'empereur Napoléon!

Un seul murmura:

— Vive le roi Joseph!

Alors un officier espagnol, prisonnier comme les autres, se détacha du convoi et, sans mot dire, alla au malheureux soldat et lui passa son épée au travers du corps.

A raconter tous ces épisodes dramatiques le général perd un peu de son flegme, nous devons le constater.

Je ne dirai pas que son livre est intéressant, il est indispensable pour qui veut s'instruire dans la guerre d'Espagne. En ces dernières années, les Mémoires de Mélito sont venus ajouter de nouveaux renseignements à ceux qu'avait apportés le général Hugo. Les deux ouvrages se complètent parfaitement aujourd'hui.

⁂

Un journal des deux sièges de Thionville, en 1814 et en 1815, pendant lesquels le général Hugo fut rappelé deux fois à la défense de cette héroïque cité, remplit le troisième volume.

Les qualités de stratégiste du général s'y montrent dans tout leur éclat. Il ne dédaigne pas de descendre à de petites indications de détail, et particulièrement aux moyens de faire parvenir des correspondances en pays ennemi.

Ainsi, il recommande les quenouilles des bonnes femmes, les chiens à la peau surajoutée, etc.; mais le mode de correspondance le plus extraordinaire, sans contredit, est la correspondance à *l'œil de verre*. Lisez cet étrange morceau :

« Il y a des borgnes qui ont un œil artificiel et creux, en porcelaine, en verre ou en faïence ; on le fait scier en deux par un bijoutier ; on unit les deux parties à l'aide d'une charnière et d'un ressort, après avoir déposé au milieu des dépêches sur papier très fin. J'ai quelquefois employé ce moyen, et toujours avec un tel succès que souvent mon émissaire causait une demi-heure avec le général ennemi ou ses officiers, sans qu'aucun se doutât de ce qu'il avait dans l'œil. »

Les *Mémoires du général Hugo* s'arrêtèrent à cette date de 1815.

Ils sont fort recherchés aujourd'hui et méritent de l'être.

LOUIS DESNOYERS

Ce fut incontestablement un homme d'esprit qui inventa l'art d'élever des lapins et de s'en faire des rentes ; son idée ne tarda pas à fructifier, et il trouva bientôt des imitateurs, entre autres celui qui imagina de grouper les hommes de lettres en société. Il était homme de lettres lui-même, et s'appelait Louis Desnoyers.

Le fondateur de la Société des Gens de lettres méritait bien qu'on s'occupât un peu de lui ; et les honneurs qu'on se propose de lui rendre dans quelques jours seront acte de justice. Jusqu'à sa venue, les écrivains s'en allaient errants, c'est-à-dire à l'abandon, libres comme les taureaux en pleine Camargue, mais pas plus protégés qu'eux. Or, si la liberté a du bon, elle a aussi ses inconvénients. Rien n'était plus lamentable que la situation des gens de lettres pendant les trente premières années de ce siècle : la propriété littéraire n'était pas encore une propriété; leurs écrits, leurs idées, leurs titres appartenaient à tout le monde; on les exploitait impunément, on les travestissait effrontément, on les reproduisait sans les rétribuer; de leurs romans on tirait des pièces de théâtre; c'était un pillage général.

Enfin Malherbe vint... Malherbe, c'est-à-dire Louis-Claude-Joseph-Florence Desnoyers. A quoi donc pensait le baron Taylor ? — Louis Desnoyers était, comme je l'ai déjà dit, un homme d'esprit, d'infiniment d'esprit, de trop d'esprit même. Il fallait souvent qu'il en déchargeât le superflu par-dessus bord. A l'époque remuante où il se produisit, la littérature fraternisait avec l'industrie; tout homme de lettres se doublait d'un homme d'affaires. Émile de Girardin avait donné l'exemple et le ton en fondant successivement la *Mode*, le *Journal des connaissances utiles*, le *Musée des familles* et finalement la *Presse*. Balzac fondait la *Chronique de Paris*, Véron la *Revue de Paris*, Lautour-Mézerai le *Journal des Enfants*. Louis Desnoyers ne pouvait rester en retard ; il avait fondé une grande quantité de petites feuilles, à la tête desquelles se trouvait le *Charivari*, qu'il dirigeait avec Altaroche.

Il fut un temps, à Paris, où l'on était célèbre du jour au lendemain pour un article de journal ou de revue. Il est vrai qu'il y avait alors moins de journaux, moins de revues et moins d'écrivains. A cette époque bienheureuse, une *scène populaire* suffisait à tirer hors de page Henri Monnier ; une nouvelle de cent lignes, le *Mouchoir bleu*, faisait la réputation d'Étienne Béquet ; — on se demandait pendant un mois : « — Avez-vous lu l'article de Delatouche sur la *Camaraderie littéraire ?* » Louis Desnoyers (qui signait quelquefois Louis Derville) était connu, pour sa part, comme auteur des *Béotiens de Paris*, une fantaisie écrite pour les *Cent-et-un*, une publication du libraire Ladvocat.

Quel succès ! Les *Béotiens* ne dépassaient pas les proportions d'un feuilleton d'à-présent, et pourtant c'était un traité complet du crétinisme parisien. Voulez-vous en avoir une idée? Lisez ce fragment d'entretien, recueilli dans une étude de notaire.

La scène se passe entre deux jeunes clercs et le père Morel, vieil expéditionnaire.

Adolphe. — Tiens! tiens! tiens... Comme il fait sombre!... Excusez!

Auguste. — Il va pleuvoir des-z-hallebardes.

Adolphe. — Des-z-hallebaquoi!.. Connais pas.

Auguste. — Je n'ai pas la moindre connaissance.

Adolphe. — Dis donc, petit, je viens de faire un pâté. Où donc est mon grattoir, mon grattouère, mon grattouare?

Auguste. — Ton grattouir?

Adolphe. — On me l'a chipé, c'est sûr. (*Avec l'accent anglais.*) Qui avé vu lé grettoare à moa? (*Avec l'accent Allemand.*) Gui avre rengondré mon crâdoâre?

Auguste. — Son grâdoâre gui se bromenait la ganne à la main?

Adolphe. —'Prête-moi le tien, Gugusse?

Auguste. — Faudrait que j'en aurais. Je ne suis à la tête que d'un manche.

Adolphe. — Prêtez-moi le vôtre, père Morel. Vous ne répondez pas ? Avez-vous peur que je le mange ?... Eh bien ! gardez-le, vieux loup, vieux chouan, vieux autocrate !

Le père Morel. — Messieurs, messieurs ! le patron va vous entendre.

Adolphe. — Au contraire. Il est sorti, le patron ; *decampaverunt gentes (Trouvant son grattoir.)* Dieu ! suis-je bête ! mais non, le suis-je ? *(d'un ton concentré.)* Je me fais horreur à moi-même... Il était là, mon grattoir, il me tirait les yeux comme un polisson qu'il est... Bisquez, le père Morel ! *(Sur trois tons différents, à partir de l'aigu jusqu'au medium.)* Voilà ! voilà ! voilà !

Auguste, *aux voix basses* — Voilà !

Adolphe. — Réparation d'honneur à l'honorable et pudibonde société. *(Sur un ton emphatique.)* Ici le criminel avoue ses torts, et la vertu triomphe de toutes ses entraves... *(Adolphe se renverse sur sa chaise, lève les pieds en l'air, pousse des cris sauvages et jette des boulettes de papier au père Morel.*

(Après quoi :) C'est égal! je suis joliment content!

AIR de la *Marseillaise*

Qui est-ce qui veut que j'le régale?...

Le père Morel. — Chut! chut!

Adolphe, *d'un ton galant*. — Plaît-il, mademoiselle?

Le père Morel. — Voilà le patron qui rentre!

Adolphe, *sur un ton de charlatan*. — Ceci, messieurs, vous représente le patron... c'est un animal vivant...

Auguste. — Et qui a des dents...

Adolphe. — On ne paye qu'en...

Le père Morel. — Chut donc! *(Le patron entre.)*

Adolphe, *bas*. — Enfoncé!

Auguste, *idem*. — Kouik!

N'est-ce pas le dernier mot de la photographie (qui n'était pas, alors, encore inventée) appliquée à l'observation? Les choses doivent toujours se passer de la sorte dans certaines études, la bêtise se démode moins que l'esprit.

II

A quelque temps de là, Louis Desnoyers se trouva être de la fondation du *Siècle*, qui fut le second journal à quarante francs, et qui s'annonça comme une concurrence directe à la *Presse*. Il y fut investi de la direction de la partie littéraire, à laquelle il donna tout d'abord une importance considérable, recrutant pour son roman-feuilleton la fleur des pois de la littérature contemporaine. Dès qu'il se vit entouré de tant d'écrivains célèbres, il conçut le projet d'en former une légion. Il ne faut pas chercher ailleurs le secret de l'origine de la Société des Gens de lettres.

Après plusieurs réunions préparatoires chez Louis Desnoyers, qui habitait alors rue de Navarin, 14, un comité provisoire s'institua, et, le 28 avril 1838, signa le pacte social par-devant notaire. Voici quels étaient les membres de ce comité : François Arago, Alexandre Dumas, Jules A. David, André Delrieu, Granier de Cassagnac, Eugène Guinot, Léon Gozlan,

Victor Hugo, de Lamennais, Hippolyte Lucas, Désiré Nisard, Alphonse Royer, Louis Reybaud, Frédéric Soulié, Louis Viardot, Villemain. — Au premier aspect, la présidence semblait due à Louis Desnoyers, mais il s'effaça par déférence de Villemain et ne se réserva que le titre de vice-président.

Les principales conditions d'admission dans la Socité des Gens de lettres étaient celles-ci : Verser en entrant une cotisation de cinquante francs : justifier de deux volumes imprimés. — Les bénéfices se prélevaient sur un impôt dont on frappait les articles, nouvelles et romans que les auteurs associés abandonnaient à la reproduction. De sorte que le peu d'argent qu'on récoltait venait surtout de la province. Il en est encore ainsi de nos jours. La question de mérite n'y entre pour rien. Tel écrivain de race, Mérimée ou Flaubert, ne gagnera pas un sou avec ses chefs-d'œuvre, tandis que l'auteur de maint roman plus ou moins dégrossi, la *Vierge de la rue Mouffetard*, y fera sa fortune. De cette façon, la Société des Gens de lettres semble être exclusivement fondée par les romanciers, car c'est à eux seuls qu'elle profite. Pour remédier à cet état de choses, il faudrait taxer la production, mais il paraît que cela n'est guère possible et que la question de recouvrement offrirait mille difficultés.

L'arrivée de Balzac, ce grand travailleur, dans la Société des Gens de lettres fut bruyante et marquée par des tentatives plus ou moins folles. Il fut d'une seconde série qui comprenait Paul Lacroix, le baron Taylor, Elie Berthet, George Sand, Michel Masson, Frédéric Thomas, Achille Jubinal, Salvandy, Cauchois-Lemaire, Achille Comte, Félix Pyat, Saintine, Emile Deschamps, etc., etc. — Avec sa turbulence ordinaire, Balzac voulut tout changer et tout recommencer. Lui aussi il s'irrita du défaut capital qui faisait une si petite chose d'une si grande idée ; il essaya d'un replâtrage qui n'aboutit pas. On a conservé aux archives de la Société un essai de programme où il la dépeint comme il voudrait la voir, puissante, féconde et surtout riche, — ah ! riche à millions ! — Voici un tableau des prix décennaux qu'il voudrait voir distribuer avec toute la magnificence possible :

Un prix de cent mille francs pour la plus belle tragédie ;

Idem pour la plus belle comédie ;

Idem pour le plus bel opéra, paroles et musique ;

Un prix de cinquante mille francs pour le plus beau drame des scènes inférieures ;

Un prix de cent mille francs pour le plus beau roman ;

Un prix de cent mille francs pour le plus beau livre de philosophie chrétienne ;

Un prix de deux cent mille francs pour le plus beau poème épique ou *demi-épique*...

— Arrêtons-nous là-dessus ! Un poème épique ! Balzac partagéant sérieusement le préjugé des plus encroûtés bourgeois au sujet du genre suranné du monde. Aimant non seulement le poème épique, mais encore le poème *demi-épique* ! Qu'est-ce que cela peut bien être, juste ciel !

Balzac se reprend ensuite à la liste de ses prix décennaux, liste dans laquelle il semble se se complaire, et qui va de l'archéologie à la linguistique ; puis, quand il a manié ainsi les centaines de mille francs, il s'arrête comme épuisé. J'imagine que, ce jour-là, en lisant ce prestigieux mémoire, le Comité aura cru avoir laissé entrer par mégarde un héritier du père Grandet ou quelque descendant de *Balthazar Claës*. Toutefois est-il qu'au bout de quelque temps, l'auteur de la *Comédie humaine* donna sa démission en se plaignant de n'avoir pas été compris.

Tel est, en abrégé, l'historique des courts rapports de Balzac avec la Société des Gens de lettres.

III

Placé à la tête de ces deux situations : directeur du feuilleton du *Siècle* et fondateur de la Société des Gens de lettres, Louis Desnoyers se trouva, du jour au lendemain, un des hommes importants de son époque. Il fut un des premiers littérateurs que je vis lors de mon arrivée à Paris. Je lui avais été recommandé par un de ses anciens camarades en journalisme, M. Barrou, directeur de l'Hospice des Aliénés de Bordeaux. Il me reçut dans la maison qu'il habita pendant tant d'années, au fond de la rue Cauchois, sur un versant de Montmartre qui regarde le cimetière. J'y entrai, un matin, au moment où en sortait mademoiselle Andréa Fauvel, une jeune et jolie chanteuse de l'Opéra-Comique.

Je vis un cinquantenaire de bonne mine, au teint olivâtre. Il était aux mains de son coiffeur, la tête toute brodée de papillotes en papier, car c'était son habitude de se faire friser tous les jours, habitude qui date un homme. Jusqu'à son dernier moment, d'ailleurs, Desnoyers conserva des prétentions au joli monsieur.

Par les soins minutieux de sa toilette, par la cravate, par la démarche surveillée, il ressemblait à beaucoup de sa génération, à Eugène Sue, à Victor Bohain, à Armand Dutacq, à Ancelot.

Louis Desnoyers fournit une assez longue carrière, pendant laquelle il publia plusieurs ouvrages remplis d'humour. — Chose étrange ! De ce mondain, de ce bel esprit, de ce chroniqueur, il restera surtout un livre écrit pour les enfants, les *Mésaventures de Jean Paul Choppart*, qui ont passionné toute une génération de bambins et mérité de prendre place parmi les « Classiques de la Récréation ».

Le cinquantenaire de la Société des Gens de lettres aura lieu le 10 de ce mois. Louis Desnoyer n'y sera point oublié : on ira en pèlerinage sur sa tombe.

Des membres du premier comité, il reste encore trois survivants : M. Désiré Nisard, doyen de l'Académie française ; M. André Delrieu et M. Jules Aminthas David.

Seront-ils au funèbre rendez-vous ?

LES CONFIDENCES DE MÉRIMÉE

Il semblait que Mérimée, le Mérimée de la tradition et de l'histoire, ne dût rien trahir de son existence intime et de ses idées particulières. On l'avait toujours représenté comme absolument réservé, discret jusqu'au mystère. Et voilà que, depuis sa mort, s'échappe de tous les coins de l'Europe une envolée de lettres familières qui le montrent sous l'aspect le plus imprévu, c'est-à-dire comme un bavard.

J'ai plusieurs fois causé avec Mérimée ; j'ai fait partie avec lui de la commission du prix Véron, fondé pour récompenser des gens de lettres. C'était le gentleman qu'on a souvent dépeint. Un long corps sans embonpoint, mais non pas sans distinction ; une physionomie froide, l'air d'un vieux garçon, capable de se dérider. Au fond, une certaine analogie physique et morale avec Romieu.

Mérimée — Prosper le bien-nommé — n'a jamais eu de peine à faire son chemin. On l'a prétendu habile, il était simplement heureux. Dès ses débuts, et sans avoir l'air d'y toucher, il a été de toutes les camaraderies, de toutes les relations utiles. Ses contemporains lui ont fait la courte échelle. Alfred de Musset, qui se sentait attiré vers lui par une certaine conformité de goûts, par un dandysme de vices, Alfred de Musset lui a rendu hommage dans sa préface de la *Coupe et les Lèvres* ; — mais quel drôle d'hommage ! et quel galimatias (j'en demande pardon au poète des *Nuits*).

L'artiste est un soldat qui, des rangs d'une armée,
Sort et marche en avant, ou chef, ou déserteur.
Par deux chemins divers il peut sortir vainqueur.
L'un, comme Calderon et comme Mérimée,
Incruste un plomb brûlant sur la réalité,
Découpe à son flambeau la silhouette humaine,
En emporte le moule et jette sur la scène
Le plâtre de la vie avec sa nudité.

Qu'est-ce que cela signifie? — Heureusement que d'autres jugements, plus sérieux, ont fait à Mérimée sa véritable place, sans déranger tant de plâtre, de moule et de plomb.

Si la nouvelle correspondance qui surgit aujourd'hui (*Lettres à M. Panizzi*) n'ajoute pas grand'chose à la renommée de l'écrivain, elle complète de touches amusantes la physionomie de l'homme.

Il y a de tout dans cette correspondance : du bon, du charmant, du spirituel (parbleu !), du raisonnable, de l'original, de l'inutile. Mérimée est souvent enrhumé ; il s'enrhume à tout propos, en canotant avec l'empereur à Fontainebleau, en chemin de fer... Il ne manque pas d'en informer l'ami Panizzi. Il va à Cannes, il en revient, toujours accompagné de ses deux dames de compagnie, Anglaises mûres, amies de sa mère. On le surprend rarement en occupation littéraire, là où on l'aimerait tant. Les menus détails de la vie l'accaparent.

Mais ce qui domine en lui continuellement, partout, à la cour, en voyage, dans l'intimité. c'est l'épicurien, c'est le gourmet. « Sachez, écrit-il à Panizzi, que j'ai accroché une petite provision de champagne sec ; vous devriez venir m'en dire votre avis aux vacances de Noël. » Une autre fois, il galope sur la route de la Corniche. « Gîtes excellents, excepté à Oneglia... Connaissez-vous la soupe aux cailles et au riz ? Je pense qu'on ne mange que cela en paradis. »

Ses jugements sur les hommes et les événements sont d'une frivolité voulue. On conçoit très bien, quand il traite les Allemands de brutes et de niais, qu'il n'en pense pas un mot ; il se déjugera à quelques lettres plus loin. Bismarck le préoccupe, mais ne l'inquiète pas. Il a sur l'avenir des visées qui ne dépassent pas celles de Prudhomme. D'ailleurs, sa confiance dans l'empereur est entière ; il le trouve fin, attentif, madré ; il trouve également à *Madame* des qualités diplomatiques de premier ordre. Et c'est à ce moment que les réponses de M. Panizzi nous font défaut.

Je le devine très bien, ce Panizzi : aussi fin et peut-être aussi froid que son correspondant. C'est lui qui affuble le général Lamoricière du sobriquet *Lamoricierge*. Il voyage autant que Mérimée ; il paraît aimer autant que lui la table et les livres. Encore une fois, quel dommage que nous n'ayons pas les lettres de Panizzi !

En ces défilé de sarcasmes, là où l'esprit vient quelquefois à manquer à Mérimée, c'est dans ses appréciations sur Garibaldi. Le héros italien lui échappe complètement. Il essaie, sans y réussir, de le tourner en ridicule ; on sent qu'il est étonné, dominé. L'homme d'esprit est impuissant contre l'homme d'enthousiasme.

Quand on ferme ce volume, on se demande si Mérimée se flattait d'écrire exclusivement pour lui ou pour son ami du British Museum. Il semble difficile qu'un homme de cette notoriété, et surtout de cette valeur littéraire, n'admette pas la possibilité d'une indiscrétion dans l'avenir. Et, du moment qu'il admet cette possibilité, c'est un devoir pour lui de se surveiller. On se représente malaisément Mérimée, le Mérimée de la légende et des contes serrés jusqu'à l'étranglement, se disant : — Ah ! bah ! après ma mort il en arrivera ce qu'il pourra ! Peu m'importe que je me démente !

On comprend encore moins qu'il ait ajouté : « Panizzi brûlera tous mes papiers. » Panizzi n'est pas un bourgeois, il ne brûlera rien, il gardera tout précieusement ; et quand il verra publier les *Lettres à une Inconnue* et celles à *Une autre Inconnue*, il suivra le courant, ou du moins, s'il ne publie pas de son vivant les lettres que lui a écrites Mérimée, il les léguera à un exécuteur testamentaire, avec pleine liberté d'en disposer à sa guise.

Il faut savoir gré à cet exécuteur testamentaire. Nous lui devons de connaître un Mérimée plus abandonné que les autres Mérimée, un Mérimée écrivant les coudes sur la table. Nous savons un peu aussi ses sentiments politiques ; c'est toujours cela.

Hélas ! hélas ! comme beaucoup d'autres, Mérimée, dans sa correspondance politique, ne s'est jamais préoccupé du peuple. Il l'a ignoré ou feint de l'ignorer toute sa vie, lui, l'homme si clairvoyant, si perspicace, si pratique ! Et c'est là le tort des gens les plus supérieurs de son temps. Les grandes levées du peuple en 1830, en 1848, le renvoi de Charles X, la chasse donnée à Louis-Philippe, les journées sanglantes et inexpliquées de Juin ne leur ont rien appris, rien enseigné. Moi, jeune alors, j'étais effrayé déjà. Lui, se garant de la grosse bête déchaînée et laissant passer un torrent qu'il croyait passager, il n'admettait pas la légitimité des revendications démocratiques. Il disait : « Tout s'arrangera, tout se tassera ! Il viendra quelqu'un. »

Et il est venu quelqu'un, en effet, qui a donné raison à Mérimée pendant dix-neuf ans. Peut-être, après tout, n'en demandait-il pas davantage. Pendant dix-neuf ans, il s'est gobergé, a fait métier de courtisan de sénateur. Mais la grosse bête à laquelle il ne croyait pas, le peuple, est revenu, et Mérimée a été châtié, non pas dans sa personne, car il venait de mourir à Cannes. Il a été châtié dans sa maison de la rue de Lille, qu'on a brûlée sous la Commune, brûlée avec ses collections, avec ses livres, avec ses tableaux, avec ses manuscrits, avec ses médailles, avec ses meubles de prix, avec ses tapisseries, avec tout enfin.

Panizzi a pleuré.

SOUVENIRS D'AUGUSTE BARBIER

Un volume posthume de l'auteur des *Iambes* nous arrive, « revu et mis en ordre par MM. Auguste Lacaussade et Edouard Grenier, ses exécuteurs testamentaires littéraires ». Une telle responsabilité commandait peut-être à ces messieurs de faire préceder cette publication de quelques mots pour expliquer aux lecteurs dans quelle mesure ils avaient *revu* le volume d'Auguste Barbier.

Je ne parle pas de la première partie, qui est toute consacrée à des souvenirs de famille et à des impressions de voyage, et qui ne nécessitait aucune explication. Il y a là des pages agréables dont la lecture s'impose toute seule. Mais j'ai en vue la seconde partie, intitulée ; *Silhouettes contemporaines ;* de 1830 à 1880. La plupart de ces silhouettes n'ont d'autre valeur que celle de notes écrites au courant de la plume ; tantôt une anecdote insignifiante, tantôt un jugement superficiel en vingt-cinq lignes ; le tout marqué au coin d'une sévérité de parti pris ou tout au moins d'une visible mauvaise humeur.

En tête, ces quatre vers :

> Je suis trop vieux pour être dupe ;
> Des choses j'ai trop vu l'âpre réalité,
> Et, près du grand sommeil, ce qui me préoccupe,
> C'est de dire la vérité.

On a besoin de cette affirmation pour être persuadé que les *Silhouettes contemporaines* sont bien réellement d'Auguste Barbier. Sans cela, j'avoue que le doute se serait glissé en moi, ou tout au moins je me serais refusé à croire qu'elles étaient destinées à la publicité. Cela lui ressemble si peu, cela est si chétif, si décoloré, si injuste !

Injuste et illogique parfois ! A propos de Gustave Planche, il cite sur lui un « méchant » article de Sainte-Beuve, « d'autant plus indigne, ajoute-t-il, que c'est après la mort du critique qu'il a été fait ». Et, quelques pages plus loin, Auguste Barbier, employant lui-même le procédé qu'il vient de flétrir, se livre à un formidable éreintement de Sainte-Beuve, — *après la mort.*

Sainte-Beuve est, d'ailleurs, une de ses rares bêtes noires. Ordinairement, l'auteur des *Silhouettes* ne pousse pas jusqu'à la haine ; il s'arrête à l'antipathie. Antipathie, Mérimée ; il parle, d'après Alfred de Musset, de ses *abatis canailles*, et réédite à son sujet un mot d'une énergie grossière, qui aurait été prononcé lors de son élection à l'Académie française : « Nous avions besoin d'un lettré, on nous a donné un étalon. »

Antipathie, Balzac. Voici en quels termes il s'exprime sur son compte : « Un jour, étant à Naples, je descendis en courant, et au risque d'attraper une fluxion de poitrine, toute la rue de Tolade, pour voir passer en calèche le romancier anglais Walter Scott. En aurais-je fait autant pour contempler les traits de M. Honoré de Balzac, gloire parisienne et des plus retentissantes ? Je ne le pense pas. » — Ce m'est une grande surprise de voir M. Balzac méconnu par un homme si bien fait pour comprendre les exquises délicatesses d'*Eugénie Grandet*.

Quelquefois aussi, M. Barbier est en désaccord avec ses contemporains sur la question de ressemblance. Ainsi, il dira de George Sand, rencontrée à un dîner chez Buloz, en 1834 : « Elle était assez maigre de forme, *sans appendices charnus ni devant ni derrière.* » Je passe sur la brutalité de la phrase, mais je m'étonne de l'extrême myopie de M. Barbier ou de son sentiment si peu exact des proportions. Tous ceux qui ont approché madame George Sand à cette époque, et ils sont encore nombreux, peuvent attester qu'elle était le contraire de la maigreur ; c'était ce qu'on appelle communément une « petite boulotte », suffisamment pourvue de ces protubérances au sujet desquelles l'auteur des *Iambes* se montre si exigeant.

Parmi les autres silhouettes, je nomme, sans en distinguer bien particulièrement aucune, Henri Heine, très cavalièrement et très insuffisamment traité ; Victor Cousin, accusé de ne pas rendre à la Bibliothèque les portraits qu'il lui empruntait ; Horace Vernet, sans originalité et sans style. — En somme, des *potins* plus que des opinions...

C'est ici que j'aurais voulu voir intervenir les *exécuteurs testamentaires littéraires* d'Auguste Barbier ; c'est dans le tri de ces silhouettes que devait s'exercer le rôle de MM. Auguste Lacaussade et Edouard Grenier. A leur place, j'y aurais mis moins de respect pour le talent du défunt, et j'aurais cru mieux servir sa mémoire en élaguant beaucoup, mais beaucoup, dans ses petits papiers.

Auguste Barbier était moins situé que personne pour ce métier d'épigrammatiste. Vivant très retiré, misanthrope, ombrageux, il avait mauvaise grâce à prétendre pénétrer les gens, même de loin. Son intuition était forcément incomplète. Il manquait de légèreté. Tant d'autres qualités lui servaient de compensation.

Tels qu'ils sont, les *Souvenirs d'Auguste Barbier* sont de la nature de ces livres qui se lisent, ou plutôt qui se feuillettent. Le nom de leur auteur les protège et force leur entrée dans les bibliothèques. Et ce n'est pas une mince protection que celle de poète terrible qui naquit dans un coup de tonnerre et qui, d'un premier bond, atteignit au premier rang !

C'est surtout à nous autres, les polygraphes au jour le jour, les historiens de la petite histoire, que ce volume s'adresse. Nous seuls pouvons y glaner, à l'aventure, comme je fais aujourd'hui.

On lit une révélation étrange dans les *Silhouettes contemporaines*. C'est à propos de la candidature académique de Brizeux, le poète de *Marie*. « Brizeux se présenta une fois aux suffrages de l'Académie française, raconte M. Barbier, et il n'eut pas l'heur de les obtenir. Des dires méchants et calomnieux lui barrèrent les portes de ce cénacle. *Nous avons bien assez de M. Musset !* tel est le mot qui fut prononcé à cette occasion, mot injuste et ignoble. La pauvreté du poète fut le véritable motif de ce mauvais vouloir. L'Académie a souvent le tort de se considérer plus comme salon mondain que comme Sénat littéraire. »

Le reproche a de la gravité sous la plume d'un académicien qui fut aussi un homme riche.

Auguste Barbier était une nature inquiète ; c'est le lot de beaucoup d'excellents esprits et une marque de sincérité. Il se corrigeait perpétuellement, et parfois moins heureusement qu'il ne le croyait. J'en prendrai un exemple, que je suis le premier à relever. C'est dans son second recueil, *Il Pianto*, publié en 1834, que je vais le chercher ; là, se trouvent une série de sonnets extrêmement remarquables sur les gloires italiennes : Raphaël, Michel-Ange, Corrège, Titien, Cimarosa, Masaccio, etc., etc.

Voici le sonnet sur Raphaël :

Salut, ô Raphaël ! salut, ô frais génie !
Jeune homme plein de grâce et de sérénité ;
En tous lieux où l'on aime et l'on sent la beauté,
Que ton nom soit loué, que ta main soit bénie !

Salut, douce candeur à la pâleur unie,
Ovale aux cheveux bruns sur un beau col monté,
Cygne mélancolique, enfant de volupté,
Toujours prêt à chanter l'amour ou l'harmonie !

Salut ! Ah ! Raphaël, on a beau fuir tes yeux
Et les doux airs penchés de ton front gracieux,
On ne peut oublier ton image chérie :

Toujours on te revoit, lis aux chastes couleurs,
Comme un ange accoudé sur des touffes de fleurs,
Où comme un autre enfant de la vierge Marie.

De l'aveu de tous, ce sonnet fut jugé ravissant. Théophile Gautier raffolait de ce vers pittoresque, qu'il se plaisait souvent à citer :

Ovale aux cheveux bruns sur un beau col monté.

Malgré tout, ce sonnet disparut des éditions suivantes ; Auguste Barbier le remplaça par celui-ci :

Ce qui donne du prix à l'humaine existence,
Ah ! c'est de la beauté le spectacle éternel !
Qui peut la contempler dans sa plus pure essence
En garde sur ses jours un reflet immortel ;

Et ce fut là ton sort, bienheureux Raphaël,
Artiste plein d'amour, de grâce, de puissance !
Ton œil noir, de bonne heure attaché sur le ciel,
Y chercha du vrai beau la divine substance.

En vain autour de toi, jeune encore et sans nom,
Le monstre impur du lait, hurlant comme un dragon,
Déroula ses anneaux et ses replis de fange ;

Tu dédaignas ses cris, ses bonds tumultueux,
Et, d'un brodequin d'or foulant son front hideux,
Tu t'élanças vers Dieu comme le grand Archange !

Il est évident que ce nouveau sonnet, quelque splendide qu'en soit la chute, est inférieur au premier. A quel motif a pu obéir Barbier en le supprimant ? J'ai longtemps cherché, et je crois avoir trouvé.

Comme il était devenu très chrétien, il lui sera venu des scrupules au sujet de ce vers :

> Ou comme un autre enfant de la Vierge Marie.

L'image lui aura été signalée comme impie et blasphématoire ; cette supposition d'un second enfant de la Vierge aura fait lever les bras à quelques-uns de ses amis de Rome. De là, sacrifice et substitution de sonnets.

Mais je n'en finirais pas à signaler tous les changements introduits par Auguste Barbier dans son œuvre complète. Il eût été à désirer qu'il eût appliqué un peu de cette inquiétude et de ce scrupule à la revision des *Silhouettes contemporaines.* Le temps lui aura manqué.

LA CANNE DE ROBESPIERRE

Oui, Robespierre avait une canne. Il avait une canne, comme Voltaire et comme Rousseau. C'est la *Revue des Deux-Mondes* qui nous l'apprend.

Cette canne avait fini par arriver entre les mains de Ferdinand Lassalle, un agitateur allemand qui a marqué sa trace dans son pays, le fondateur, en 1863, de l'association générale des ouvriers ; un tribun qui était en passe de devenir un grand révolutionnaire lorsque la mort l'arrêta à l'âge de trente-neuf ans.

M. de Bismarck avait eu l'occasion de connaître Ferdinand Lassalle et de s'entretenir avec lui, et il en a fait récemment un éloge qui n'est pas suspect dans sa bouche.

Ferdinand Lassalle, qu'on a pu regarder comme le chef du socialisme en Allemagne et de qui l'on attendait beaucoup, était ce qu'on appelle un *charmeur*. C'était d'abord un des plus beaux hommes de son temps. Il avait une tête de médaille romaine, un regard d'aigle, un don de fascination poussé à l'extrême et dont il devait abuser toute sa vie.

La canne de Robespierre ne le quittait jamais, jamais ! C'était son fétiche, son talisman.

*
* *

Avocat plein de feu, Ferdinand Lassalle avait dû le commencement de sa notoriété et de sa fortune à une de ses clientes, la comtesse de Hatzfeld, dont il avait défendu avec bonheur les intérêts devant un grand nombre de tribunaux.

Il a composé un livre sur les origines du droit et une tragédie intitulée : *Franz von Sickingen*. On a remarqué que presque tous les avocats avaient un tendre pour la tragédie.

Mais la véritable voie de Lassalle n'était pas là, elle était dans la politique. Il fut un démocrate convaincu, tout l'indique, avec ce degré d'ambition nécessaire pour dominer et guider les foules. Esprit de premier ordre, il voulait la première place. Il rêvait d'être le président d'une République germanique. — Toujours la canne de Robespierre !

Malheureusement, Ferdinand Lassalle avait de plus que Robespierre un amour immodéré pour les femmes. Ce fut par elles qu'il se perdit et qu'il périt avant son heure. Il prétendait ne pas trouver de cruelles, et la vérité est que les aventures enlevaient à ce tribun plus de temps qu'il n'aurait fallu.

Deux femmes ont particulièrement pesé sur les dernières années de son existence. Toutes les deux ont publié l'histoire de leurs relations avec lui. La première était une Russe de vingt-cinq ans, Sophie Adrianovna, qu'il avait rencontrée à Aix-la-Chapelle, une personne enthousiaste et qui aurait voulu le convertir au nihilisme. Lassalle lui offrit de l'épouser, lui qui jusqu'alors s'était montré l'ennemi du mariage. Mais Sophie Adrianovna, après l'avoir amené là où elle le désirait, tergiversa, demanda des délais, prétendit lui imposer un stage épistolaire. *Écrivons-nous !* ne cessait-elle de répéter. Cela lui donna l'éveil, et il rompit.

En somme, cette jeune Russe ne paraît pas avoir eu d'autre mobile que de se procurer quelques lettres de Ferdinand Lassalle.

*
* *

La seconde le compromit bien autrement et fut même la cause de la catastrophe qui termina ses jours.

C'était une jeune fille d'à peine vingt ans, une blonde aux cheveux d'or. Elle s'appelait Hélène de Donniges et était d'une bonne famille de Munich. Elle aussi vient d'éprouver le besoin de mettre le public dans la confidence de sa liaison avec Ferdinand Lassalle. (1879, un vol.; à Breslau et à Leipzig.)

Ce récit, dont la grave *Revue des Deux-Mondes* ne craint pas de donner des extraits, est d'une audace à faire monter le rouge au visage. Pour me servir d'une expression familière, on n'a pas idée de cela à Paris, — où l'on a pourtant idée de bien des choses, surtout par ce temps de naturalisme.

De très bonne heure, mademoiselle Hélène

de Donniges annonça ce qu'elle serait un jour. « A douze ans, dit-elle, j'avais tout lu et tout vu, tout appris ou tout deviné ; je connaissais l'endroit et l'envers de toute chose, et j'étais fermement convaincue que l'univers est un lieu de plaisance qui a été inventé tout exprès pour que les petites filles s'amusent. »

Cette anti-Agnès fut fiancée tour à tour à un Italien, commandant de la citadelle d'Alexandrie, et à un jeune boyard, le prince Yanko Racowitza ; mais son cœur ne s'était encore décidé... que pour un officier de marine. En attendant qu'il se prononçât plus nettement, elle alla passer un hiver à Nice, où, de son propre aveu, elle se signala par des excentricités à faire frémir la « vieille morale allemande ».

Ce fut seulement à son retour à Berlin qu'elle connut pour la première fois Ferdinand Lassalle, dont elle avait souvent entendu parler.

« J'étais fort curieuse de voir ce grand homme ; je le rencontrai enfin à l'un des mardis de l'avocat Hirzemenzel. Je me tins quelque temps à l'écart, assise sur un tabouret, mas quée par un sopha. Il ne me voyait pas, et je l'écoutais. Je sortis brusquement de ma cachette, je courus à lui, nous nous regardâmes les yeux dans les yeux, muets, étonnés, confondus. Ce fut un coup de foudre. Il finit par me dire : « Vous êtes Brunhilde, vous êtes Adrienne de Cardoville, vous êtes le joli renard dont on m'a parlé, vous êtes Hélène de Donniges. » Là-dessus on soupa ; nous restâmes ensemble jusqu'au petit jour sans déparler. Quand je sortis, il me tutoyait depuis deux heures, et il me prit dans ses bras pour descendre l'escalier. »

Il faut remonter jusqu'aux Mémoires de Casanova pour trouver l'équivalent de cette licence de langage.

On suppose bien qu'une intrigue s'engagea vite entre Brunhilde-Cardoville-Hélène de Donniges et l'*illustre démagogue,* comme elle l'appelle. La famille ne réussit guère que pour quelque temps à y mettre le holà. Les deux amants se donnent des rendez-vous en Suisse ; ils assistent ensemble au lever du soleil sur le sommet du Righi, enveloppés dans des couvertures de lit.

Cette fois encore, Ferdinand Lassalle voulait épouser. Décidément, c'était le commencement de la décadence. Il en oubliait ses devoirs politiques, son mandat de directeur de l'association ouvrière, ses démêlés avec la police ; il en oubliait tout. Hélène était singulièrement flattée de cet amour exclusif.

Ici se place un mot grand comme le monde.

« Un soir, raconte-t-elle, il enjamba ma fenêtre et demeura la moitié d'une nuit dans ma chambre ; *mais j'atteste à tout l'univers que nous employâmes tout notre temps à parler de M. de Bismarck.* »

Il est hors de doute que la canne de Robespierre avait été déposée dans un coin.

**
* **

Ce fut peu de temps après cet entretien superplatonique que Ferdinand Lassalle fit sa demande en règle aux parents d'Hélène. Il en fut repoussé avec une touchante unanimité.

Hélas ! nous approchons de la catastrophe !

Par quel inexplicable vertige Lassalle fut-il amené à provoquer en duel le père de sa maîtresse? M. Donniges haussa les épaules et délégua ses pouvoirs au prince Yanko Racowitza, qu'on voit reparaître à cet instant comme l'homme du dénouement dans les drames.

Le jeune boyard, resté toujours amoureux de sa fiancée, accepta de se battre à la place de M. Donniges.

Là-dessus, voilà la petite fille aux anges.

Mais je ne veux pas lui enlever le mérite de sa narration.

« Le pauvre Yanko n'avait jamais touché un pistolet, Lassalle était un tireur de première force. Je ne doutai pas un moment que Yanko ne fût tué, *et cette certitude me remplissait d'aise et de joie.* Je me disais : Quand on rapportera ici le cadavre de Yanko, tout le monde perdra la tête, la maison sera sens dessus dessous, et j'en profiterai pour m'évader et me réfugier auprès de l'homme que j'adore ! Il se trouva malheureusement que ce fut Yanko qui tua Lassalle. J'en fus au désespoir, car je vous ai dit que j'adorais Lassalle; et, après m'être consultée, *je ne vis pas d'autre moyen de me consoler que d'épouser son meurtrier.* Il en résulta que six mois plus tard j'étais la femme de Yanko de Racowitza, sans m'être avisée qu'il avait sur lui le sang de l'homme que j'avais adoré. *Là-dessus, lecteur, embrassons-nous ;* la sagesse des nations a décidé que tout comprendre, c'est tout pardonner. »

On croit rêver en lisant ces turpitudes...

Une idée de mystification s'élève dans l'esprit.

Ce qui n'est ni un rêve ni une mystification, c'est la mort du pauvre Ferdinand Lassalle. tombé sous une balle de pistolet, à Genève, le 29 août 1864.

La sensation fut profonde par toute l'Allemagne. Une grande pitié pour lui, beaucoup d'indignation contre elle.

Et tels sont les pénibles souvenirs qu'à quinze ans de distance vient réveiller aujourd'hui la princesse Racowitza dans cet incroyable volume !

Dans quel but ?

C'est ce que je me demande.

Et je me demande aussi ce qu'est devenue la canne de Robespierre.

LE DUC DE BROGLIE

Un portrait?

Oh! non. Un simple crayon, tout au plus.

Une biographie?

Pas davantage ; des notes qui pourront servir à de plus habiles que moi ; — des impressions et des réflexions personnelles.

*
* *

Et d'abord, un partisan de la théorie Z. Marcas aurait beau jeu à voir une prédestination irrévérencieuse dans ce nom italien de Broglie, qui signifie *brouille, intrigue.*

Broglie, — lisez imbroglio.

Le duc actuel a élevé l'imbroglio politique à une hauteur vertigineuse.

Comme tant d'autres qui n'avaient ni son

titre ni sa fortune, il a pris par les lettres pour arriver... à tout.

Ses commencements littéraires furent dignes, mais modestes. Du plus loin qu'il m'en souvienne, il se manifesta pour la première fois dans la *Revue nouvelle*, fondée en 1845 par MM. Couturier de Versan et Eugène Forcade.

Les principaux collaborateurs de la *Revue nouvelle* étaient : Arthur de Gobineau, G. de Molènes, Rolland de Villarceaux, Eugène Robin, Hippolyte Babou, Clément Caraguel, etc., etc.

La *Revue nouvelle* s'était fort bien annoncée. On avait remarqué la netteté de son prospectus : « La jeunesse qui s'est élevée durant ces quinze années et qui entre aujourd'hui dans la vie active, accepte unanimement la révolution de 1830 et ses conséquences. Notre nouveau régime politique commence à avoir des hommes qui, non seulement par leur carrière, mais par leur éducation, ne datent que de lui, des hommes qui n'ont rien connu ni rien reçu des régimes antérieurs, qui sont ses premiers enfants, ses fils aînés. Ces hommes forment dès aujourd'hui un élément nouveau dans la société. Leurs rangs, grossis par les levées successives de la jeunesse, en formeront, sous peu d'années, l'élément le plus considérable ; jusqu'à ce que la remplissant tout entière, ils donnent en effet au régime nouveau une société vraiment et complétement nouvelle. C'est à cet élément que nous appartenons nous-mêmes ; c'est à cet élément que nous avons voulu donner un organe propre et distinct dans la presse. »

Le prince Albert de Broglie, qui était alors un jeune homme, fut séduit par cet exposé et désira faire partie de l'élément nouveau. On l'accueillit sans exagération de sympathie, c'est-à-dire selon son mérite encore peu distinct. Il accepta sa situation et mit, au dire de témoins, une certaine volonté de bonne grâce dans ses rapports avec ses confrères.

En même temps qu'il écrivait à la *Revue*, il s'exerçait à l'art oratoire dans des réunions fort à la mode à cette époque, dans des conférences, dans des *parlottes* (c'était le mot adopté). Des jeunes gens élégants comme lui, ambitieux comme lui, allaient là, ainsi qu'on allait autrefois au jeu de paume, — pour apprendre l'art de défendre les ministères et au besoin de les combattre. Il est permis de croire que le jeune prince acquit quelque dextérité à ce jeu, mais l'application qu'il devait en faire se trouva retardée par les événements de 1848.

Une chiquenaude du peuple venait de renverser la monarchie de Juillet.

*
* *

Au lendemain — ou au surlendemain — de cette révolution, M. Albert de Broglie s'était remis à ses études. C'était ce qu'il avait de mieux à faire. Il s'enferma, avec un ou deux de ses secrétaires, dans un travail important : l'*Église et l'Empire romain au* IVe *siècle.* Ce sont là de ces ouvrages qui portent toujours leur auteur à quelque chose.

Ils le portèrent à l'Académie.

Je m'imagine que lorsque le vieux duc de Broglie présenta son fils aux Quarante, il dut leur tenir à peu près ce discours, renouvelé de Molière :

« Messieurs, ce n'est pas parce que je suis père, mais je puis dire que j'ai sujet d'être content de lui, et que tous ceux qui le voient en parlent comme d'un garçon qui n'a point de méchanceté. Il n'a jamais eu l'imagination bien vive, ni ce feu d'esprit qu'on remarque chez quelques-uns ; mais c'est par là que j'ai toujours bien auguré de sa judiciaire... Il est ferme dans la dispute, ne démord jamais de son opinion... Mais, sur toute chose, ce qui me plaît en lui, et en quoi il suit mon exemple, c'est qu'il s'attache aveuglément aux opinions de nos anciens, et que jamais il n'a voulu comprendre ni écouter les raisons et les expériences des prétendues découvertes de notre siècle... »

A quoi l'Académie aura répondu, en s'empressant et en donnant l'ordre qu'on fît avancer... un siège.

*
* *

Ce fut le 20 février 1863 que le prince de Broglie fut reçu en séance publique à l'Académie française, en remplacement du père Lacordaire.

Il eut, du moins, un accès de modestie au début de son discours.

« Sans doute, messieurs, — dit-il, — vous avez désespéré de donner au père Lacordaire un successeur capable de vous faire oublier cette perte. Vous vous êtes contentés d'en trouver un qui la ressentit comme vous, tout entière. Je ne vois pas d'autre motif pour justifier à mes propres yeux le redoutable honneur que vous m'avez fait. »

On sait ce que valent ces protestations d'humilité.

M. de Broglie, qui a toujours été un fusionniste, prit pour texte de son discours la fusion de la religion et de la liberté. Il fit l'apologie des ordres monastiques et eut un mot aimable pour Lamennais.

Un malin esprit, M. Saint-Marc Girardin, lui répondit en le louant de son « amour pour la grande et bonne liberté, celle de tout le monde, celle de nos adversaires comme celle de nos amis, celle qui nous sert ». Etait-il bien certain d'entrer absolument dans les idées du récipiendaire ?

On pourrait trouver, jusqu'à un certain point, un sens prophétique dans ces lignes qui terminèrent la réponse de M. Saint-Marc Girardin : « Le monde appartient non pas à ceux qui le contraignent, mais à ceux qui le servent et qui l'aiment. Il prête à ses dominateurs par la contrainte des minutes d'obéissance qu'ils appellent leurs règnes ; à ses consolateurs il donne son âme ; et il n'y a vraiment de règne que sur les âmes. »

Il s'en faut de beaucoup que M. de Broglie se soit conformé à cette politique de sentiment.

*
* *

Il a eu le pouvoir.

Il l'a eu dans des conditions suprêmes.

Qu'en a-t-il fait ?

M. le duc de Broglie est demeuré et est encore l'homme des parlottes de 1845. Il n'aime à travailler que dans les coulisses. Autant la salle des séances le gêne et le déconcerte, autant les bureaux l'attirent. Les bureaux, voilà son élément. Il y retrouve son habileté, sa force, son audace. Il sait comment on forme des groupes, comment on les renforce, comment on les fait manœuvrer. Nul mieux que lui ne s'entend à fixer des rendez-vous, à donner des mots d'ordre, à faire passer des petits papiers. Le sang italien de sa race se révèle dans ce manège. Il excelle à retourner les commissions.

Des politiques comme M. le duc de Broglie sont surtout des joueurs. Malheureusement, il y a quelqu'un qu'ils n'intéressent pas assez dans leurs parties. Il est vrai que ce quelqu'un est souvent un gêneur, un trouble-fête. Ce quelqu'un n'a pas toujours le ton des salons. C'est le peuple. Le peuple arrive lorsqu'on ne l'attend pas, et quelquefois sans se faire annoncer. Il demande des cartes à son tour, — et bientôt les joueurs sont forcés d'abattre les leurs.

— Partie perdue! murmurent-ils en s'éclipsant les uns après les autres.

Il y aurait pourtant un moyen de ne pas perdre de semblables parties.

Ce serait de ne pas les jouer.

*
* *

Je m'aperçois que je n'ai pas abordé le portrait physique de M. le duc de Broglie.

Ce sont des moyens dont on abuse beaucoup à l'heure qu'il est. On tire des conséquences et des conjectures du moindre brin de barbe. Nous avons des blaireauteurs miraculeux dans cet ordre d'images, auquel je n'accorde qu'une importance fort relative.

Pour moi, je n'entreprendrais le portrait du président du conseil qu'à la condition de pouvoir dire à mon modèle, comme les photographes autorisés :

— Ne bougez plus !

VICTOR HUGO MUSICIEN

Je suis sûr au moins de ne me rencontrer avec personne sur ce terrain. On criera même au paradoxe, car il est notoire que Victor Hugo n'a jamais manifesté un penchant immodéré pour la musique. On trouverait plutôt chez lui les œuvres complètes de Viennet qu'un piano ou tout autre ustensile d'harmonie.

Et cependant j'affirme qu'il aime la musique, non pas peut-être ardemment, mais sincèrement, à sa manière, car chacun a sa manière d'aimer la musique ; on l'aime à telle heure, sous telle influence, dans telle situation d'esprit et de corps. Un savant, un poète, un sculpteur, ne goûtent pas la musique de la même façon. Celui-ci y cherche un excitant, celui-là y cherche un apaisant ; d'autres, et c'est le plus grand nombre, n'y cherchent rien qu'une sensation agréable.

Trop d'imagination nuit à l'audition et à l'intelligence de la musique. Que de fois je suis entré dans une salle de concert pour y entendre une symphonie de Beethoven, par exemple! Quelles délices je me promettais! Avec quelle volupté je m'allongeais dans ma stalle! comme je m'arrangeais pour écouter religieusement!

Le chef d'orchestre dresse son bâton. Je suis non seulement tout oreilles, mais encore tout yeux, car la musique peut s'écouter aussi avec les yeux. Il attaque. Une coulée de mélodie m'enveloppe, me pénètre; je distingue des pays enchantés, je traverse des féeries. Cinq minutes, dix minutes s'écoulent dans l'enivrement. Et puis... et puis... ma pensée, attentive jusque-là se dissout, s'égare; je m'aperçois tout à coup que *je songe à autre chose.* Horreur!

Les violons cherchent à me reconquérir; ils me ressaisissent en effet pour quelques instants. C'est beau! c'est suave... les prairies, la rosée, le soleil.... *N'oublions pas le rendez-*

vous d'affaires que j'ai demain matin à neuf heures... Quel géant, ce Beethoven! Comme il parle puissamment à l'âme! C'est sublime! Ti, ti, ti, la, la, la... *Ferai-je mon billet à trois mois ou à six mois?...* Allons! bon, voilà que je perds encore le fil de la symphonie.

*
* *

Victor Hugo, musicien!

Eh! certainement; et depuis longtemps, et depuis toujours.

Qui de nous n'a cherché le calme dans un chant?
Qui n'a, comme une sœur qui guérit en touchant,
Laissé la mélodie entrer dans sa pensée?

Ainsi a-t-il dit. Il n'y a donc rien d'étonnant à ce qu'il ait composé un jour une ouverture, une véritable ouverture, comme on va voir:

Ecoutez! écoutez! Du maître qui palpite
Sur tous les violons l'archet se précipite.
L'orchestre tressaillant rit dans son antre noir.
Tout parle. C'est ainsi qu'on entend sans les voir,
Le soir, quand la campagne élève un sourd murmure,
Rire les vendangeurs dans une vigne mûre.

Comme sur la colonne un frêle chapiteau,
La flûte épanouie a monté sur l'alto.
Les gammes, chastes sœurs dans la vapeur cachées,
Vidant et remplissant les amphores penchées,
Se tiennent par la main et chantent tour à tour,
Tandis qu'un vent léger fait flotter alentour,
Comme un voile folâtre autour d'un divin groupe,
Ces dentelles du son que le fifre découpe.

Je ne peux m'empêcher de m'arrêter ici pour faire remarquer la délicatesse exquise de ce vers!

Ciel! voilà le clairon qui sonne. A cette voix,
Tout s'éveille en sursaut, tout bondit à la fois.
La caisse aux mille échos, battant ses flancs énormes,
Fait hurler le troupeau des instruments difformes,
Et l'air s'emplit d'accords furieux et sifflants
Que les serpents de cuivre ont tordus dans leurs flancs.
Vaste tumulte où passe un hautbois qui soupire!
Soudain du haut en bas le rideau se déchire:
Plus sombre et plus vivante à l'œil qu'une forêt,
Toute la symphonie en un hymne apparaît!

Ce morceau ne pourrait-il pas être signé Hérold ou Rossini? Il fait partie de la pièce intitulée: *Que la musique date du seizième siècle.*

Le tempérament musical de Victor Hugo se trahit à chaque coin de son œuvre. Sans parler du poème dramatique d'*Esmeralda*, composé directement en vue de l'Opéra, n'est-il pas devenu, par la force des choses, le premier librettiste du xixe siècle? *Ernani*, *Rigoletto*, *Lucrezia Borgia* sont là pour en témoigner.

Il a fait des romances qui sont des bijoux. Le livre tout entier des *Chansons des rues et des bois* est un écrin. Certains couplets semés dans les *Misérables* sont restés dans toutes les mémoires.

La musique est sa constante préoccupation. Il y a certaines de ses poésies qu'il appelle *Guitares* et *Autres Guitares*.

*
* *

De même qu'il a écrit une ouverture, Victor Hugo a voulu écrire une messe, — une messe de mariage. Là encore, il s'est montré adorable et supérieur. Ecoutez; cela ne s'exécute pas sous les voûtes de Saint-Eustache, mais aux champs:

> C'était l'église en fleurs, bâtie
> Sans pierre, au fond d'un bois mouvant,
> Par l'aubépine et par l'ortie,
> Avec des feuilles et du vent.

> Le porche était fait de deux branches,
> D'une broussaille et d'un buisson ;
> La voussure, toute en pervenches,
> Etait signée : Avril, maçon.
>
> Et l'on mariait dans l'église,
> Sous le myrte et le haricot,
> Un œillet nommé Cydalise
> Avec un chou nommé Jacquot.
>
> Au lutrin chantaient, couple allègre,
> Pour des auditeurs point ingrats,
> Le cri-cri, ce poète maigre,
> Et l'ortolan, ce chantre gras.
>
> Un beau papillon dans sa chape
> Officiait superbement ;
> Une rose riait sous cape
> Avec un frelon, son amant.
>
> Les clochettes sonnaient la messe.
> Tout ce petit temple béni
> Faisait à l'âme une promesse
> Que garantissait l'infini.
>
> J'entendais en strophes discrètes
> Monter, sous un frais corridor,
> Le *Te Deum* des pâquerettes
> Et l'*Hosanna* des boutons d'or.

Cherubini a fait autrement, mais non pas mieux.

J'ai l'air de sourire et de plaisanter ; il existe

de la musique effective de Victor Hugo, de celle qui se chante. Le pnblic l'entend tous es soirs en ce moment, à la Gaîté, dans le rame de *Lucrèce Borgia*

Il y a à ce sujet une jolie anecdote dans l'ouage intitulé : *Victor Hugo raconté par un émoin de sa vie.*

« MM. Meyerbeer et Berlioz s'étaient amialement proposés pour faire la musique de la hanson chantée au souper de la princesse egroni.

» — Ah ! bien, oui ! dit M. Harel ; de grands usiciens qui vont nous faire de la musique 'on écoutera, et qui distraira du drame ! Je eux un air qui soit à plat ventre sous les aroles. Laissez faire Piccini.

» M. Piccini était le chef d'orchestre du éâtre. Il trouva pour les couplets une méloie excellente, mais ne trouva pour le refrain ien qui le satisfît. Il dit son embarras à l'aueur.

» — Rien n'est plus simple pourtant réponit M. Victor Hugo ; tenez !

« Et il se mit à dire les vers, en les accenuant d'un chant informe. N'ayant jamais pu chanter de sa vie une note juste, il frappait sur la table du souffleur.

» — J'y suis, dit le chef d'orchestre, qui démêla un air dans les coups de poings et qui les nota sur-le-champ. »

Qui sait? Si Victor Hugo n'avait pas été grand poète, peut-être serait-il devenu un grand musicien.

Pourtant, je l'aime mieux ce qu'il est.

WAGNER S'AMUSE

On parle souvent de l'immonde diatribe vomie sur la France par Richard Wagner, au lendemain de nos désastres, mais peu de personnes la connaissent. M. Tissot, dans son livre des *Prussiens en Allemagne*, est le premier qui en ait donné une courte analyse. Il raconte comme quoi l'enragé musicien avait cherché à la faire représenter sur les théâtres de Berlin, mais ses compatriotes montrèrent plus de pudeur que lui. Dès lors, on pouvait croire qu'au bout de quelque temps Richard Wagner finirait par oublier cette grossière éruption de sentiment haineux; mais comme on le connaissait mal !

Trois ans après, Richard Wagner replaçait cette ineptie en tête du neuvième volume de ses *Œuvres complètes* (Leipzig, 1873), où elle s'étale aujourd'hui sous le titre : *Une Capitulation*, « comédie à la manière antique ».

A cette époque, il en parut une traduction à Paris qui fut rapidement épuisée. Elle y produisit une sensation de stupeur plus encore que d'indignation et de mépris. On fut tenté de croire à une mystification. Jamais pareil flot de divagations n'avait découlé de la plume d'un homme. Il n'y a ni plan ni sujet dans *Une Capitulation*, ni queue ni tête. Le langage qu'on y parle est un indigeste mélange d'allemand et de français, de prose et de vers.

Voici les noms des personnages d'*Une Capitulation* :

Victor Hugo.
Chœur de la garde nationale.
Mottu, commandant de bataillon.
Perrin, directeur de l'Opéra.
Lefèvre, conseiller de Légation.
Keller, Alsacien.
Dollfus, id.
Diedenhoffer, Lorrain.
Véfour, Chevet, Vachette.
Jules Favre, Jules Ferry, Jules Simon.

Nadar.

Gambetta.

Offenbach.

Flourens, Mégy et des Turcos.

La scène se passe sur la place de l'Hôtel-de-Ville.

Au lever du rideau, on voit Victor Hugo sortant d'un trou.

« Victor ! Victor ! sois des nôtres ! » crient des voix d'en bas.

» Mottu. — Allons, debout ! qu'on se réveille !

» Le chœur des gardes nationaux s'empare de Hugo.

» Hugo. — Dieu ! ne me déchirez donc pas ! Maudite soit la grandeur !

» Le chœur tire Hugo par la tête, tandis que, par-dessous, on le tire par les pieds ; il s'allonge comme *un élastique...* »

Vous avez, dès les premières lignes, la note du comique de Richard Wagner.

Ensuite, on assiste à une délibération des membres du gouvernement.

« Dollfus. — Allons, famille des Jules, pas de discorde !

» Keller. — *Ferme ta gueule, animal !*

On s'occupe de l'Opéra. C'est là que Richard Wagner aiguise sa vengeance.

M. Perrin, le directeur, est appelé à fournir des explications. Pendant ce temps le chœur entonne le chant suivant :

« Voyez le citoyen Perrin — monte sur le perron. — Perron, Perrin ! Mirliton, ton, ton ! — Nous le préférons à Plonplon, plon, plon ! »

O ineptie !

Les scènes incohérentes se succèdent sans interruption. Nadar apparaît avec son ballon. On mange des rats. Les épithètes de *canaille*, et de *polisson* volent dans l'air. M. Perrin fait exécuter un ballet. Gambetta va se percher sur la coupole du Panthéon et harangue la foule.

Un enfant de douze ans qui voudrait pasticher le *Tintamarre*, un savetier qui singerait le bel esprit, n'auraient pas une autre allure et n'emploieraient pas un autre charabia que Richard Wagner. Il s'essouffle pour faire rire et commence par rire lui-même aux éclats. Il ne recule devant aucun jeu de mots, si pitoyable qu'il soit ; il emprunte aux ruisseaux les calembours dédaignés par tous les gavroches berlinois.

» Allons ! s'écrie Gambetta, sauvez l'avenir de la patrie ! Que la garde *mabille* sauve la République ! »

Et il se tord.

Tout cela est entremêlé d'exclamations, d'onomatopées, de coqs-à-l'âne, d'idiotismes tels que ceux-ci :

« Schenetteretin, tin, tin !

» Aristocrates, crates, crates !

» Poumperoumpoum ! poumpoum ! raterah !

» République ! blique ! blique !

» Krak ! krak ! krakerakrak ! C'est le sire Jack Offenback !

» Tratratan ! tantan !

» Pip ! pip ! pip ! pschihihihi ! »

C'est à se boucher les oreilles, — et à se croire revenu à la soirée épique du *Thanhauser*.

A travers ce tohu-bohu, la palme de l'insanité demeure à Victor Hugo. Victor Hugo est le porte-voix préféré de Richard Wagner. C'est lui qui dirige la grande scène finale d'*Une Capitulation* en s'accompagnant sur une lyre d'or.

Quelque dégoût que j'en aie, je veux en citer deux couplets.

Tous les mots italiques sont en français dans le texte original.

LE CHŒUR

« *Dansons, chantons !* — *Aimons, soupons !* — *C'est le génie de la France* — *qui veut qu'on chante et qu'on danse !*

HUGO

» Les barbares ont traversé le Rhin, — *Miriton, miriton, tontaine !* — Nous nous sommes tous réfugiés à Metz ; — ainsi l'a voulu le maréchal Bazaine. — Il a été battu le furieux Mac-Mahon ! — Le général Troché, Trochu, — a mis toute l'armée — dans les forts de Paris. — Tout cela est arrivé — en l'an mil-huit-cent soixante-dix.

LE CHŒUR

» *Dansons, chantons, etc,.*

HUGO

» ....Maintenant nous allons vous parler raison. — Ce n'est pas comme ennemis que vous avez pris Paris; — nous vous le donnons comme à des amis. — Pourquoi avez-vous frappé à la porte de nos forts? — Nous vous aurions bien ouvert la porte de tous vos désirs : — *cafés, restaurants,* — *dîners de gourmands,* — *garde mobile et bal Mabille* (Encore ! il y tient !), — *mystères de Paris et poudre de riz.* — *chignons et pommades,* — *théâtres et promenades,* — *concert populaire. Que voulez-vous de plus pour vous plaire ?...* »

A ce moment, le délire musical reprend le dessus ; Victor Hugo, continuant à s'adresser au peuple allemand, dit :

» Qui pourrait trouver agréable votre Faust si Gounod ne l'avait pas fait bien joli ! — Que saviez-vous de Mignon ? — N'avons-nous pas joué cela sur le mirliton ? »

Mirliton toi-même, Wagner !

On écrit quelquefois de ces choses-là dans notre Charenton et dans notre Bicêtre.

Mais ceux qui les écrivent demeurent enfermés.

De l'autre côté du Rhin, on les traite d'espiègles.

Espiègle, Richard Wagner ! Espièglerie, cette goguette en épais souliers, toute pleine d'une odeur de jambon rance et de sauciss aux pois !

L'IDYLLE NOIRE

Je me trouvais un jour à Pontoise, sans savoir pourquoi ni comment, à Pontoise, qui partage avec Quimper-Corentin, Paimbœuf et Carpentras, l'inexplicable privilège d'éveiller le sourire sur les lèvres des voyageurs. Inexplicable en effet, car il est à remarquer que la plupart de ces villes, déshéritées dans l'opinion publique, sont ravissantes et pittoresques au possible.

Donc, j'étais venu à Pontoise, sans songer au désagrément proverbial d'avoir à en revenir, lorsque, au détour de l'église, je me vis tout à coup en présence d'un riche industriel de mes amis, homme d'esprit par-dessus le marché. Après les premières exclamations d'étonnement et un cordial échange de poignées de main :

— Que faites-vous ici ? me demanda-t-il.

— Je fais ce que j'ai toujours fait : de la réhabilitation. Tantôt je réhabilite un individu, tantôt je réhabilite une ville. En ce moment je suis en train de réhabiliter Pontoise.

— C'est à merveille. Et... c'est tout ?

— C'est tout.

— Alors, vous ne trouverez pas mauvais que je vous emmène dîner avec moi ?

— Ici ?

— Non, à trois ou quatre lieues d'ici, à Arronville.

— Arronville ?

— Oui, Arronville ou *ville des roseaux*, je crois... Vous devez être quelque peu étymologiste, vous me renseignerez là-dessus... Arronville est un délicieux village où j'ai élu domicile avec ma femme et mes enfants. Venez voir cela.

— Hum ! murmurai-je avec cette crainte vague dont je suis toujours saisi lorsqu'on attente à ma liberté.

— Pourquoi cette hésitation ? N'aimez-vous pas l'imprévu ? Or, c'est l'imprévu qui vient à vous sous la forme d'un ami.

— C'est vrai, pourtant...

— Tenez, reprit mon industriel ; je vous gardais une séduction décisive ; vous me forcez à employer d'un seul coup tous mes moyens d'éloquence... Les réhabilitations sont votre fait, disiez-vous tout à l'heure ?

— Oui.

— Eh bien ! une réhabilitation importante vous attend à Arronville.

— Bah ! dis-je en plaisantant.

— Rien de plus sérieux.

— Allons, cela me décide !

M. S... avait un cabriolet. Il fut attelé dans quelques minutes. Nous partîmes pour Arronville. La journée était belle ; le paysage étalait cette richesse et cette variété particulières au département de l'Oise, un des plus luxuriants qui soient en France. Les campagnards nous saluaient, les blés aussi. Notre cocher exécutait avec son fouet des variations musicales dignes du chevalier de Saint-Georges.

Ce fut au milieu de cette animation et de cette joie que se fit notre entrée, ou plutôt notre descente à Arronville car Arronville est situé sur le versant d'un coteau, d'un *riant coteau* comme disent les modèles de narration en vers ou en prose. Une maison nous reçut, d'un aspect très confortable ; c'était la maison de M. S... L'accueil qu'on nous y fit nous mit tout à l'aise, et je ne m'occupai plus qu'à examiner le pays d'Arronville.

— Allons faire un tour aux marais, dit M. S... à travers de gentilles avoines, aux petites têtes clochetantes.

Les avoines dépassées, ce fut au tour des seigles ; puis nous nous engageâmes dans un chemin de vieux saules dont quelques-uns portaient des groseilliers vivaces dans leurs troncs entr'ouverts et desséchés. Au détour de ce chemin, nous trouvâmes tout à coup sur la limite des marais, c'est-à-dire en présence d'une immense armée de roseaux, armée épaisse et disciplinée, quoique presque toujours chuchotante, à l'égal des conspirateurs. Il y en avait à perte de vue et à tous les bouts de l'horizon. Nous nous engageâmes dans leurs rangs comme des généraux qui s'apprêtent à passer une revue ; leur tenue était excellente : souples, élancés, reluisants, pliant et ne rompant point, de vrais roseaux courti-

sans. Au-dessus de leur tête un air salubre et
vif ; dans les fossés qui les traversaient, une
au brillante où s'ouvraient les grands yeux
ensifs des nénuphars. De temps en temps on
oyait s'envoler un héron ou passer un milan,
irate ailé ; d'autres fois c'était un traquet ou
ne bergeronnette qui se posait sur une écluse
t, de là, jetait sa note dans le ciel. Je me rap-
elle que je m'amusais beaucoup, entre temps,
es sauts effarés des petites grenouilles vertes
notre approche, et de la gymnastique désor-
onnée des têtards.

Ces marais, situés sur deux départements à
a fois (Oise et Seine-et-Oise) et sur les com-
unes d'Arronville, de Berville et d'Amblain-
ille, étaient encaissés par des bouquets de
ois sombres et par d'élégants rideaux de peu-
liers. Les trois clochers des trois communes
erçaient, coquettement disposés en triangle.
un moment où le paysage faisait point de
ue, je manifestai mon admiration à M. S...,
ais j'eus le tort d'en gâter l'expression par
observation suivante :

— Je suis assez de mon temps pour com-
rendre qu'une pareille étendue de terrain

dans un pays aussi fertile que celui-ci, n'est pas faite seulement pour produire de la poésie à son propriétaire.

— Non, parbleu ! s'écria-t-il en riant d'un rire impie.

— Alors ?...

— Alors, vous êtes curieux de savoir ce que je fais de tout ce sol ?

— Ma foi, oui.

— Aïe ! aïe !

— Qu'avez-vous ? dis-je à M. S...

— Si vous vous apprêtiez quelque désillusion ?

— Diable !

— Regardez-moi bien.

— Je vous regarde.

— Qui croyez-vous que je suis ? Tenez j'aime mieux vous le dire tout de suite.

— C'est cela !

— Je suis... je suis un hirudiculteur !

Je le regardai saisi d'une terreur mystérieuse.

— Hi-ru-di-cul-teur ? répétai-je.

Et ma mémoire faisait appel aux souvenir

de collège pour retrouver le sens de ces mystérieuses syllabes.

Il fallut que l'industriel vînt à mon aide, ce qu'il fit non sans une certaine malice.

— Je vois, me dit-il, qu'il est nécessaire de parler plus clairement... Sachez donc, mon cher ami, que vous êtes ici chez un éleveur de sangsues.

* * *

— Pouah! fis-je comme par un tressaut involontaire.

L'irritabilité de mes sens était prodigieuse dans ma jeunesse.

Mon compagnon sembla ne pas s'être aperçu de mon cri, et continua son explication.

— Hirudinées... de la famille des hirudinées et de la classe des annélides...

— Taisez-vous, au nom du ciel!

M. S... haussa légèrement les épaules.

— Allons! dit-il, vous êtes encore, vous, aussi rempli de préjugés que les autres!

— Que voulez-vous? mon éducation a été celle de presque tous les Parisiens! L'image des sangsues est inséparable dans mon esprit des femmes de ménage et des portières: Je les confonds toutes dans une même répulsion ; j'ai éternellement sous les yeux ce verre épais de marchand de vin fermé d'un couvercle en papier, et à l'intérieur, je vois sans cesse ramper et s'allonger en silence ces petites bêtes noires, visqueuses...

— Enfantillage! faiblesse !

— Et puis, s'il faut tout vous dire, un souvenir contribue à me fortifier dans mes préjugés, comme vous les appelez. Celui-ci se rattache au théâtre des Funambules et à une pantomime de Champfleury intitulée, je crois, *Pierrot malade*. Dans cette muette affabulation, Pierrot, étendu sur son grabat, profitait d'un instant où le médecin avait le dos tourné pour s'emparer du pot de sangsues vivantes que venait d'apporter la garde-malade. Il essayait d'abord d'en détacher une ; il l'approchait de son nez, puis de ses lèvres, — autres sangsues ; — enfin, la gourmandise l'emportant sur la curiosité, avec mille contorsions il s'enhardissait à avaler une sangsue, puis deux, puis trois ; il y prenait goût; bref, le pot y passait tout entier. Vous voyez cela d'ici. Le comique de cette scène n'a jamais été assez puissant pour surmonter mon dégoût, et l'impression qui m'en est restée subsiste comme au premier jour.

— Je ne m'attendais pas à voir intervenir Debureau dans cette affaire, dit M. S...

— Laissons Debureau de côté, et permettez-moi de vous adresser brusquement une question.

— Adressez.

— Avec quoi nourrissez-vous vos sangsues ?

— Avec des chevaux... comme tout le [m]onde... mais pas avec des chevaux étiques [e]t claquant la fièvre. Les miens sont sains et [n]'ont qu'à se féliciter des saignées que je leur [f]ais pratiquer... J'appelle cela : les *envoyer au* *[f]alecon* .. Bien souvent je prolonge leur vieil[l]esse en les arrachant à l'odieux brancard du [fi]acre parisien ; combien même en ai-je guéri [q]ui étaient poussifs au dernier degré !

— *Je mets Pégase au vert,* murmurai-je [p]ar un ressouvenir de Victor Hugo.

— Bien ! bien ! Raillez tant qu'il vous [p]laira, répliqua M. S... mon idylle a du bon.

— Je n'en disconviens pas.

Et nous gardâmes le silence.

J'ai su depuis que j'avais passé à côté de ma fortune. M. S... avait pensé à m'intéresser dans l'exploitation de ses marais à sangsues. Drôle d'idée !

DIRECTEUR DE THÉATRE

Une fois dans ma vie, j'ai été saisi du désir
e devenir directeur de théâtre. Pourquoi cela ?
e n'avais pas cependant trop à me plaindre de
a littérature ; mais que dirai-je ? L'envie de
hanger de profession, le besoin de réaliser
elques théories personnelles, un certain
mour du paillon... Toutefois est-il que je me
entis hanté pendant quelque temps par les
antômes de Shakspeare, de Molière, de
arel, de Fournier et autres directeurs de
héâtres renommés. Ce n'est pas la seule han-
ise à laquelle j'ai été sujet ; je pourrai raconter
n jour comment j'ai voulu être peintre, li-
raire, monologuiste et rôtisseur... mais je
'étais né que cuisinier seulement.

Ce fut vers l'an 1873 que cette fantaisie dra-
atique naquit dans mon cerveau. A cette

époque, au milieu de l'été, je fis répandre à profusion dans les rues et sur les boulevards le prospectus suivant, qui était alors une curiosité et qui est aujourd'hui une rareté, — prospectus très joliment imprimé, sur grand papier, aux deux couleurs rouge et noire, et dont on trouverait pas un exemplaire à l'heure qu'il est.

*
* *

FONDATION D'UN NOUVEAU THÉATRE A PARIS

sous le titre de

THEATRE DE LA PORTE MONTMARTRE

Rue d'Uzès-Montmartre.

Directeur : M. CHARLES MONSELET.

En 1645, un jeune homme de vingt-trois ans abandonnait le droit et la philosophie pour s'engager, avec quelques enfants de famille comme lui, dans la troupe d'un théâtre naissant, situé au Faubourg Saint-Germain et dirigé par une belle et excellente comédienne. Ce jeune homme qui brûlait d'un si grand fe pour la comédie, — et aussi, prétend-on, pour les beaux yeux de la comédienne, — était J.-B.-P. de Molière. Le théâtre de la Porte de Nesle s'appelait pompeusement, à la mode héroïque du temps : l'*Illustre Théâtre*.

Théâtre de la jeunesse, de l'amour, de l'espérance, de la belle humeur, de l'avenir ! Est-il rien en effet de plus *illustre*, dans le sens éclatant et rayonnant du mot ?

Deux cent vingt-huit ans après Molière, nous venons renouveler la même tentative ; nous venons recommencer au dix-neuvième siècle l'*Illustre Théâtre* du dix-septième.

Nous n'avons, il est vrai, ni *Béjart*, ni Molière]

Mais qui sait si leurs successeurs ne viendront point frapper à notre porte, toute prête à s'ouvrir pour eux ? Qui sait s'il n'y a point quelque part, à l'heure qu'il est, un chef-d'œuvre qui se cache ou un grand artiste qui attend ?

Nous avons longtemps hésité à nous appeler, nous aussi, l'*Illustre Théâtre* ; nous nous sommes décidé pour le titre plus modeste de *Théâtre de la Porte-Montmartre*.

Paris n'aura jamais assez de musées, de librairies, de théâtres. Paris n'aura jamais assez de centres intelligents. Il faut que le *Théâtre de la Porte-Montmartre* soit un de ceux-ci. Nous n'entendons point augmenter simplement le nombre des refuges du plaisir; notre idée est plus élevée. C'est une création, attrayante sans doute, mais d'un ordre noble, à laquelle nous prétendons attacher notre nom, et pour laquelle nous rêvons des destinées fécondes.

Ce rêve n'est pas né d'hier, il nous poursuit depuis plusieurs années. Aujourd'hui, les encouragements sont assez nombreux, et partis d'assez haut, pour que nous nous décidions à en tenter la réalisation.

Nous sommes fermement convaincu qu'à côté de toutes les scènes parisiennes il reste une place pour une scène nouvelle, une scène puissante, curieuse, variée, telle qu'était au siècle dernier la Comédie-Italienne, alors qu'elle serrait de si près la Comédie-Française; une scène empruntant sa gaieté au Palais-Royal et son observation au Gymnase, — sans préjudice des essais et des innovations de la

eune génération littéraire, que nous serons
es premiers à provoquer.

Tous les genres se donneront rendez-vous à
notre théâtre; notre programme est sans limites. L' « Illustre » *Théâtre de la Porte-Montmartre*, afin de justifier ses prétentions
historiques, reprendra de temps en temps certaines œuvres des maîtres anciens, les plus
caractéristiques et les moins vulgarisées, à
commencer par Molière lui-même. C'est ainsi
qu'il remettra en honneur le *Sicilien* et la
Comtesse d'Escarbagnas ; il ira du Molière
délaissé au La Fontaine inconnu ; il ressuscitera Dancourt et ses verdeurs joyeuses : le
ercle de Poinsinet alternera avec *Dupuis et
es Rosnais* de Collé.

Mais il va sans dire que la plus grande part
demeurera réservée aux auteurs vivants. Nous
voulons, avant tout, être de notre époque que
nous aimons, et dans les forces intelligentes
de laquelle nous avons foi. Et comment n'attendrions-nous pas de nouveaux ouvrages de
M. Labiche, Dumas fils, Meilhac, Halévy,
arrière, Sardou, Emile Augier, Feuillet,
rançois Coppée, Belot, Pailleron, Gondinet,

Edouard Cadol, talents souples, colorés, ingénieux, spirituels et émus ? Par ce qu'ils ont donné, jugez de ce qu'ils peuvent donner encore ! Quel théâtre que celui qui pourrait offrir dans son répertoire le *Voyage de M. Perrichon*, le *Village*, le *Gendre de M. Poirier*, le *Passant*, *Montjoye*, le *Monde où l'on s'amuse*, les *Parisiens*, la *Visite de Noces*, le *Inutiles*, le *Roi Candaule*, autant d'œuvres petites et grandes, originales et franches, qui résument l'expression de la société française dans ces dernières années !

En faisant appel à ces noms aimés, nous sommes certain de ne pas chômer de succès. Le mouvement actuel des littératures étrangères ne nous laissera pas non plus indifférent; nos traducteurs seront à l'affût dans tous les pays ; il pourra nous arriver de jouer dans 1 même soirée une pièce anglaise, une pièc italienne et une pièce chinoise. Par exemple, si on le veut bien, nous laisserons reposer l'adultère pendant quelques années...

* *

Suivaient quelques détails pratiques auxquels nous accordions, avec plus ou moins de raison, une certaine importance.

* *
*

La direction ne s'en remettra à personne du soin d'examiner les ouvrages qui lui seront envoyés ; ils seront lus dans les huit jours qui suivront le dépôt.

Nous apportons pour garantie de la sincérité de notre jugement, quel qu'il soit, un amour profond de notre profession, une existence tout entière consacrée aux lettres, une connaissance spéciale des choses du théâtre acquise par vingt années de critique, et surtout une indépendance reconnue et saluée de tout le monde. Aucune attache d'école, partant aucune influence à subir.

... Bien d'autres surprises sont ménagées à notre public. C'est ainsi qu'on sera assis à son aise dans le *Théâtre de la Porte-Montmartre* et qu'on pourra circuler commodément, ce qui ne s'est jamais encore vu à Paris. Une autre rareté, c'est qu'après être entré dans notre salle, on pourra en sortir.

A présent, et après les questions d'art, nous sommes bien forcé d'aborder la question de chiffres ; ce sera aussi brièvement que possible. Nous sommes certain que notre idée est doublée d'une heureuse spéculation. Chaque action représente une part d'un millième dans la propriété d'un terrain, d'un monument et d'un aménagement que nous ferons aussi élégant que possible. Le capital n'est donc pas livré exclusivement aux chances d'une exploitation théâtrale, puisque la plus grande partie de ce capital repose sur une propriété qui ne peut qu'acquérir une forte plus-value à mesure que la valeur foncière augmentera.

Tout fait donc supposer que dès les premières années, le capital sera remboursé aux actionnaires sous forme de dividende.

... Si le quart seulement des sympathies qui nous ont accompagné jusqu'à présent dans notre carrière littéraire veut bien nous suivre dans notre carrière dramatique, nous sommes tranquille, — l' « Illustre » *Théâtre de la Porte-Montmartre* est fondé.

Lorsque je le relis à distance, ce programme,

je ne le trouve pas plus maladroit qu'un autre. La presse lui fut favorable, juste dans la mesure que je pouvais attendre d'elle.

Il était suivi d'un acte de société pour la rédaction duquel j'avais dû recourir aux lumières spéciales de mon ami Vidal, et dont voici quelques principaux articles.

« Article premier. — Entre les soussignés :

» M. Charles Monselet, homme de lettres, demeurant à Paris, quai Voltaire, 17, et M. Prosper Monselet, son frère, rentier, demeurant à Paris, rue Largillière, 1, d'une part,

» Et les personnes qui deviendront actionnaires par leur souscription, d'autre part,

» Il est formé une Société anonyme, conformément à la loi du 24 juillet 1867.

» Art. 3. — Le théâtre sera établi rue d'Uzès-Montmartre, près du boulevard Poissonnière, sur un terrain qui a été l'objet d'un ontrat provisoire d'acquisition, et qui sera cheté au nom de la Société.

» Art. 5. — Le capital de la Société a été

fixé à un million de francs et divisé en mille actions de mille francs chacune.

» Chaque souscripteur n'est engagé que pour le cas où le capital d'un million sera entièrement souscrit.

» Art. 6. — Le montant des souscriptions devra être versé :

» 1º Un quart en souscrivant ;

» 2º Un quart, lors de la constitution définitive de la Société, dans un délai de quinze jours après un avis donné par le Conseil d'administration ;

» 3º Un quart du 1ᵉʳ au 10 décembre 1873 ;

» 4º Et le dernier quart du 1ᵉʳ au 10 février 1874.

» Art. 13. » .....

L'article 13 obtint un succès de sourire dans un cercle d'amis ; il n'avait cependant rien que de très naturel. Qu'on en juge plutôt :

« Art. 13. — M. Charles Monselet apporte dans la Société son idée, son programme, son expérience théâtrale et son concours.

» *Les autres associés apportent le capital.* »

Eh bien ! les choses ne se passent-elles pas toujours ainsi ?

※
※ ※

Les bureaux provisoires du Théâtre de la la Porte-Montmartre avaient été installés dans le quartier de la Bourse, pour la plus grande commodité des souscripteurs que je m'attendais à voir affluer. Je me tenais pendant une partie de la journée dans mon cabinet directorial, à la disposition des personnes qui pourraient avoir des renseignements à me demander.

J'avais écrit à tout le monde, à des financiers, à des industriels, à des grands seigneurs, et même à mes amis. Ne calomnions personne, pas même nos amis. Ce fut un de ceux-ci qui accourut le premier à mon appel, le bon et cordial Jobert. Que sa mémoire soit glorifiée ! Le second souscripteur ne fut ni un financier, ni un industriel, ni un grand seigneur, ce fut un inconnu. Ne calomnions pas non plus les inconnus. Mon second souscripteur fut un marchand de vin de la rue de Choiseul.

J'ai oublié les autres ; ce fut un tort, n'ayant pas à invoquer leur nombre pour m'excuser. Bref, il me fut impossible d'atteindre au chiffre de mille que je m'étais fixé, pas même au chiffre de cinq cents.

Parmi les rares personnes ayant eu confiance en moi, je garde une reconnaissance éternelle à trois d'entre elles :

D'abord à M. de Lalande, l'architecte de la Renaissance, qui s'était offert à me construire et à me livrer, dans un bref délai, un théâtre tout garni et tout meublé, sans bourse délier.

Ensuite à M. François Mons, le poète dramatique dont il est si fort question en ce moment sous les débris de l'Odéon, et qui m'apporta le premier une comédie.

Enfin, à mon camarade Etienne Carjat, qui avait tenu à saluer mon avènement à la direction du théâtre de la Porte-Montmartre par quelques-uns de ces jolis vers dont il est coutumier.

  Tu vas construire un grand théâtre
  Où Lalande prodiguera

L'argent, l'or, le marbre et l'albâtre,
Comme Garnier à l'Opéra.

La salle élégante et commode
Sera confite en gens bien nés,
Lorgnant les femmes à la mode
De leurs fauteuils capitonnés.

Saint-Victor, les soirs de première,
N'aura plus l'air de s'ennuyer ;
Les gommeux, changeant de manière,
Feront des mots dans le foyer.

. . . , ...

Sur la scène vaste et profonde,
Machinée admirablement,
Les premiers artistes du monde
Joueront alternativement.

Dans les décors, splendides toiles
Que Poisson, Chéret brosseront,
Les danseuses presque sans voiles
Jusqu'aux frises rebondiront.

L'orchestre, toujours en mesure,
Répugnant au vieux pot-pourri,
Sera conduit d'une main sûre
Par le minuscule Sivry.

Pendant que toi, fin diplomate
Spéculant sur les vanités,
Avec maint auteur que l'on flatte
Tu signeras de bons traités.

Je fais des vœux pour ce théâtre
Où, fixant le destin changeant,
Chaque soir la foule idolâtre
Apportera des tas d'argent

Ta caisse ! je l'ai commandée,
Une caisse à triples secrets,
De cuivre et d'acier pur blindée,
Une caisse forgée exprès ;

Une caisse exceptionnelle
Comme on en voit chez les banquiers,
Prison muette et solennelle
Murant l'or et les bleus papiers.

Et lorsque finira l'année,
Inimitable directeur,
Prouvant à la Bourse étonnée
Ce que peut un littérateur.

Je te vois, Crésus débonnaire,
Eventrant les sacs entassés,
Compter au moindre actionnaire
Des dividendes insensés !

Cette charmante épitre constitue le souvenir le plus riant qu'il me reste du temps où j'ai voulu être directeur de théâtre.

ARMAND BARTHET

ET

ARMAND BASCHET

I

L'un était venu de Besançon, c'était Armand Barthet; l'autre était venu de Blois, c'était Armand Baschet. Tous les deux de bonne souche bourgeoise. Ils étaient arrivés à Paris dans le but inavoué de « cultiver les lettres. » Entre temps, Armand Barthet et Armand Baschet suivaient les cours de l'Ecole de Droit ou de tout autre école publique. Armand Barthet avait quelques années d'avance sur Armand Baschet, — et c'est pourquoi je m'occuperai de lui le premier.

Armand Barthet rimait à tour de bras, selon

l'expression d'Alfred de Musset ; il rimait surtout des comédies dans le goût antique, comme la *Ciguë* d'Emile Augier. Un jour, il eut la fortune inespérée d'en faire jouer une par Rachel, C'était un petit acte en vers, peu de chose, le *Moineau de Lesbie*, une élégie de Catulle gentiment paraphrasée. Ce rien plut infiniment, en voltigeant sur les lèvres de la grande tragédienne ; on trouva un charme étrange et nouveau à entendre gazouiller Hermione. Et puis, c'était comme une réponse de sa part à l'accusation qui lui reprochait son indifférence envers les poètes vivants.

Célèbre du jour au lendemain, Armand Barthet se vit l'objet de la curiosité publique. On voulut s'enquérir des habitudes et des antécédents de ce favorisé du sort ; — et l'on sut que l'auteur du *Moineau de Lesbie* était un garçon bruyant, remuant, bon enfant, ayant lui-même beaucoup de rapports avec un moineau, dont il rappelait les étourderies et les piailleries. On sut encore qu'il était très lié avec deux de ses compatriotes qui étaient en passe de se faire un nom comme lui, un sculpteur qui s'appelait Clésinger, et un peintre qui s'appelait Courbet. De ces trois Francs-Comtois, le peintre et le sculpteur ont été beaucoup plus loin que le poète.

Armand Barthet avait l'écorce un peu rude et le verbe naïvement incivil, ce qui contrastait singulièrement avec le caractère de sensibilité qui distingue ses compositions. En outre, il était particulièrement maladroit, quoique portant lunettes ; il ne pouvait entrer quelque part sans renverser ou casser quelque chose : il avait la *main malheureuse*, comme on dit. Il était l'effroi de madame Victor Hugo, à ses soirées de la place Royale, lorsqu'elle le voyait mettre le pied dans son magnifique salon tout peuplé de bibelots curieux et fragiles. C'était dans ce salon qu'il avait fait ses remières armes par la lecture d'une églogue lternée et par le bris d'un superbe négrillon ouge et or.

Il avait la tête chaude aussi ; en cela, il se approchait de Clesinger, et, comme lui, il aissait passer rarement l'occasion de se « raaîchir d'un coup de sabre. » Ne voulut-il pas ne fois se battre sérieusement avec Baudeaire, l'homme qui était le moins fait pour ces sortes d'équipées? La querelle avait pris naissance dans ce café Momus qui élevait sa maison à pignon à l'entrée de la rue Saint-Germain l'Auxerrois. Querelle littéraire évidemment; ce sont celles-là qui tournent le plus rapidement à l'aigre. Baudelaire était dans tout son individu l'antipode de Barthet; froid, dogmatique, distingué. Il avait une mince estime pour la *littérature* du bouillant Bisontin; celui-ci s'en apercevait et, de son côté, tenait pour éninigmatiques et hautaines les façons de penser et de dire de Charles Baudelaire, dont les *Fleurs du mal* étaient encore en portefeuille. Ces deux natures avaient le don de s'agacer l'une l'autre. Ce jour-là, il y eut un choc, prévu depuis quelque temps.

Je ne suis pas ici pour déguiser la vérité, après tant d'années révolues; Baudelaire reçut une gifle. J'imagine que son étonnement surpassa son indignation. On dut constituer des témoins de part et d'autre. Baudelaire choisit pour siens, ce mystérieux et farouche Trapadoux qui traverse l'histoire de la Bohême, noir et long comme un bâton de réglisse, et un homme de lettres du nom de Lebloys que

'ai perdu de vue. Armand Barthet avait sous
a main un jeune sous-officier, son compatriote,
. Mignot. — Toujours des compatriotes!
oujours des soldats! — J'acceptai d'être son
euxième témoin, bien entendu dans le but,
ue je croyais très facile, d'arranger l'affaire,
Iais je comptais sans mon satané Franc-Com-
is.

Au fond, les quatre témoins étaient d'accord
u'il n'y avait pas lieu à mort d'homme, mal-
ré l'offense reçue. En remontant aux motifs
e la discussion, ils ne trouvaient rien que
'absolument puéril. Charles Baudelaire, dont
étonnement continuait toujours, consentait à
gretter ce que ses propos pouvaient avoir eu
'acerbe ou ce que son accent pouvait avoir
d'agressif; il ne restait donc plus à Armand
arthet qu'à retir le soufflet litigieux, — mais
était là justement ce qu'il n'entendait pas.
rthet voulait du sang; et quel sang? le sang
Beaudelaire qui n'en avait jamais répandu
e dans ses stances. Le sage Trapadoux était
ouvanté. Les entrevues des témoins se mul-
lièrent en pure perte, jusqu'à ce que nous
missionnâmes successivement tous les qua-

tre, considérant, selon le cliché déjà en usage
notre mission comme terminée.

Armand Barthet n'avait que son *Moinea*
de Lesbie dans le ventre, ou du moins on n
voulut pas lui jouer d'autre pièce que celle-c
J'en excepte un, *Chapelle et Bachaumont*
l'Opéra-Comique. Il a fait imprimer une com
die en trois actes et en vers : le *Chemin*
Corinthe, où il y a de jolis détails, et un pr
verbe en collaboration avec Augustine Broha
On a encore de lui un petit recueil de vers i
titulé : la *Fleur du panier*, une traduction d
Odes gaillardes d'Horace, un volume de *No*
velles dont les titres disent le sentiment gén
ral : *Pierre et Paquette, Henriette,* le *Ni*
d'Hirondelles, etc., etc. Sur le feuillet
garde de l'exemplaire, à moi adressé, je rel
cet affectueux envoi :

« Mon cher Monselet,

» Je vous ai fait attendre mes *Nouvelles*
peu longtemps ; n'en accusez ni l'indifférenc
ni l'oubli, deux choses impossibles pour q
vous connaît et vous apprécie comme moi.

» ARMAND BARTHET. »

En y ajoutant une plaquette intitulée *Montauciel*, je crois avoir énuméré son œuvre à peu près complète. On voit qu'on aurait tort de chercher en lui un fécond. N'étant pas homme de lettres de profession, et possédant un petit avoir, il ne pouvait travailler qu'à ses heures, et il n'en abusait pas. L'écrivain était comme l'homme : un composé d'antithèses bizarrement accouplées, de délicatesse et de sans-façon, d'honnêteté et de trivialité. Le bourgeois et l'excentrique se battaient en lui. Il avait des caprices d'indépendance mêlés à des habitudes de régularité. Dans ses derniers temps il hantait beaucoup le café de La Rochefoucauld, dans la rue Pigalle, où se réunissaient un grand nombre de littérateurs et d'artistes, faisant leur partie chaque soir : c'étaient les Noriac, Auguste de Belloy, Voillemot, Persent, Léon Flahaut, Luminais, Tafforin, Aimé Millet, Galetti, Pollet, etc., etc. Armand Barthet avait choisi le jeu le plus bruyant : le bécquet. L'homme, c'est le jeu.

Comment l'idée vint-elle à un individu pareil de se marier? et comment trouva-t-il à se marier? Toutefois est-il qu'on vit un jour

Armand Barthet donner le bras à une épouse légitime, qu'il avait ramenée du pays franc comtois, cela va sans dire. Le bourgeois ! L lendemain, il conduisit sa femme en grand pompe au café de la Rochefoucaud et la pré senta à tous ses amis. L'excentrique ! A parti de ce moment, il l'associa à ses interminable parties de jacquet. — Heureuse femme !

Jusque là, tout allait à peu près bien. Rie ne pouvait faire supposer que la fin de Barthe fût si proche et surtout si lamentable. On n lui connaissait ni.vices sérieux, ni manies, ambition. Il était sobre. Tout au plus pouvait on le considérer comme toqué, et, en cett qualité, on lui passait bien des choses. Mais u beau jour Armand Barthet franchit la limit qui sépare le toqué du fou. La machine se d' traqua. Vainement essaya-t-on de tenir chose secrète dans les commencements. To finit par se savoir. On apprit que son transpo dans une maison de santé à Ivry avait été indi pensable. L'auteur du *Moineau de Lesb* était devenu fou furieux. Irai-je jusqu'au bou Je vais faire passer un frisson d'horreur da les veines du lecteur. Échappant un instant la surveillance de ses gardiens, il s'empara d'un mauvais rasoir, et, saisi d'un vertige infernal, il se mutila de la façon la plus épouvantable et la plus mortelle : en un mot il fut son propre Fulbert. Lui, Armand Barthet !

Cà, la fin d'un petit rentier ! Cà, le suicide d'un bourgeois !

II

J'ai regret d'avoir souri, tout à l'heure. Et maintenant, après cet horrible dénouement d'une existence de littérateur, c'est à peine si j'ose aborder immédiatement un autre récit. Mais j'ai promis l'histoire d'Armand Baschet, comme correctif à celle d'Armand Barthet, c'est-à-dire l'histoire d'un homme imperturbablement heureux.

Lorsque Armand Barthet vint à apprendre qu'il existait sous la calotte des cieux un homme de lettres s'appelant d'un nom presque semblable au sien, il entra dans une de ces colères qui lui étaient familières.

— Ah ! c'est donc vous, monsieur, qui vous

-appelez comme moi ! s'écria-t-il lorsqu'il rencontra Armand Baschet pour la première fois.

— Permettez, monsieur... se hâta de répondre celui-ci.

— Oh ! je sais ce que vous allez me dire... l hasard... que ce n'est pas votre faute...

— Vous en convenez !

— Oui ! mais ce n'en est pas moins fort dé sobligeant pour moi.

— Et pour moi donc !

Le courroux d'Armand Baschet était déj tombé à demi, devant la bonne figure épa nouie d'Armand Baschet.

— Il reprit d'un ton plus courtois :

— Voyons, est-ce que vous y tenez bien votre nom ?

— A mon nom d'Armand Baschet ?

— Oui.

— J'y tiens de toutes mes forces.

— Vous êtes si jeune, vous n'avez pas e beaucoup le temps de vous y habituer !

— Mais si !

— Voulez-vous le vendre ?

— Fi !

— Voulez-vous le jouer sur un coup de dé

— Non.
— Ou sur un coup d'épée?
— Ni l'un ni l'autre.
— Diable! savez-vous que vous êtes têtu, on jeune maître?
— Comme vous, mon cher confrère.
— Voyons, si nous essayions de nous aranger?
— Je ne demande pas mieux.
— Je n'exige pas le renoncement absolu à otre nom.
— C'est heureux!
— Changez de prénom seulement. Que iriez-vous de Jules ou d'Ernest, par exemle?... Ernest Baschet!... cela fait très bien... est plus coquet qu'Armand.
— Je ne trouve pas.
— C'est votre dernier mot?
— Le dernier.
— Et vous gardez votre nom?
— Comme vous le vôtre.

Armand Barthet se mordit les lèvres; il senit qu'il allait encore se fâcher, mais il se conaignit, sentant qu'il était prêt de tomber dans ridicule.

Rien ne l'empêchant plus désormais de couvrir de gloire le nom de ses pères, il n'y épargna ni ses soins ni son temps. Doué d'une activité dévorante, et d'une grande souplesse de manières, en moins d'un mois il s'était présenté chez tout le Paris officiel et littéraire. I avait assisté au petit lever d'une multitude d célébrités, il avait salué la veste d'Émile d Girardin, contemplé la robe de chambre d Paul de Kock, ramassé la plume d'Alexandr Dumas, admiré le lorgnon de Philarète Chasles caressé le chien de Terre-Neuve d'Alphons Karr, vu Jules Janin en bonnet de coton, Théophile Gautier en burnous, Léon Gozlan e pantoufles, Eugène Sue en vareuse.

Il avait l'instinct de la curiosité poussé a degré le plus aigu, une intelligence vrillé l'amour des relations. Son premier ouvrag fut un volume intitulé : *Honoré de Balza essai sur l'homme et sur l'œuvre.* Le livre éta plein de bonne volonté, mais d'une exécutio enfantine. Il lui servit néanmoins à s'introdui dans les salons ; un ministre de l'instructio publique, prévenu par sa bonne mine (ce n'e pas toujours cependant une recommandatio pour un érudit), lui donna une mission dans le midi de la France ; plus tard, ce fut en Autriche, en Italie, à Venise. Dès lors, il se sentit dans sa véritable voie; il eut ses grandes et ses petites entrées dans le monde des légations, des consulats, des chancelleries, partout où il y avait une bibliothèque à explorer.

Venise surtout, où il fit plusieurs séjours, eut un attrait infini pour lui. Les archives de la *Sérénissime République* lui avaient été libéralement livrées ; il en tira deux volumes de documents. Mais c'était surtout la ville qui l'intéressait dans Venise, ses canaux, ses ponts ; il les connaissait comme un sbire oublié par le conseil des Dix. Aussi avait-il fini par devenir le cicerone obligé de tous les Français qui passaient par Venise. Charles Blanc et Paul de Saint-Victor n'eurent pas d'autre compagnon que lui ; il me fit visiter les Plombs de Casanova qui ne s'ouvraient pour personne.

A partir de ce moment, Armand Baschet devint quelque chose comme ce chevalier de Boufflers dont la vie s'écoula en voyage, et qui fut salué ainsi par un de ses amis sur un grand chemin :

— Parbleu! chevalier, je suis ravi de vous rencontrer chez vous !

Dès qu'il eut mis le pied hors de Blois, ce fut le diable pour l'y faire rentrer. Il y revint pourtant, et ce fut pour toujours. Quand il cessa de marcher, il cessa de vivre. L'apoplexie le prit en déjeunant, dans un âge encore jeune.

Heureux ceux qui meurent en pelant une poire !

UNE LECTURE CHEZ BREBANT

Je connais peu d'hommes d'un commerce plus agréable que M. le maire d'Hauvrincourt, chez qui je fréquente habituellement pendant les deux mois que je passe chaque année au bord de la mer normande. C'est un riche propriétaire, bien en chair, qui rappelle tout à fait Eugène Labiche ; il offre, comme l'auteur du *Voyage de M. Perrichon*, en toute sa personne, un heureux mélange de bonhomie et de finesse. Sa conversation quoique sans apprêt est parfumée des mille bonnes odeurs de la flore littéraire.

Cet été, un jour qu'en nous promenant sur la plage nous avions causé à peu près de tout, et qu'il m'avait étonné par la variété de ses connaissances, je lui dis à bout portant :

— Savez-vous, monsieur le maire, que vous étiez né pour faire un homme de lettres?

— Commment l'entendez-vous? me demanda-t-il en riant.

— Oh! dans le meilleur sens du mot!

— Eh! mais, vous pourriez bien avoir dit vrai... Si je ne suis pas homme de lettres aujourd'hui ce n'est pas faute d'avoir cherché à le devenir.

— Ah! je savais bien.

— Je suis venu à Paris, comme beaucoup de jeunes gens, pour courir la fortune littéraire.

— Et vous avez manqué de persévérance?

— Absolument.

— C'est dommage!

Le maire d'Hauvrincourt s'arrêta pour saluer.

— A quelles difficultés avez-vous donc bien pu vous heurter? repris-je.

— A deux surtout : j'étais timide et j'étais riche.

Je ne pus m'empêcher de sourire; il s'en aperçut.

— Vous croyez que je fais du paradoxe? dit-il.

— Un peu.

— Et bien! non, je vous jure.

— Vous ne deviez pas manquer de relations cependant?

— Je n'en avais qu'une. Dès les premiers jours de mon arrivée à Paris, j'avais rencontré un de mes compatriotes d'Hauvrincourt, un camarade d'enfance... Nous avions usé ensemble nos culottes sur les bancs de la petite école de notre village... Il n'annonçait rien et ne promettait rien; il n'avait de vocation que pour voler des fruits et dénicher des oiseaux... Au bout de quinze ans, je le retrouvai presque quelqu'un : il appartenait à un théâtre où quelques petits rôles fantasques l'avaient mis en lumière... Mais j'y songe, vous avez dû le connaître ?

— Comment s'appelait-il ?

— Il était d'origine noble, mais au théâtre son nom était Bache.

Je ne pus m'empêcher de faire un haut le corps.

— Bache! m'écriai-je ; Bache, l'acteur des Bouffes-Parisiens! le roi de Béotie d'*Orphée aux Enfers !*

— Lui-même

— Ah ! mon Dieu !

— Vous l'avez connu, je le supposais bien...

— Si je l'ai connu ! je le vois encore, je le vois toujours, long, maigre, pâle, la figure encadrée d'une calotte dantesque, tout le corps entortillé d'un ulster étroit comme un fourreau de parapluie. Bache ! l'homme au salut cérémonieux, le plus terrible mystificateur de Paris ! C'était sur cet individu-là que vous étiez tombé ?

— J'ignorais les méchants côtés de sa réputation, répondit le maire d'Hauvrincourt ; il parut enchanté de me revoir et me fit mille offres de service.

— C'est cela, c'est bien cela, grommelai-je.

— Il vint chez moi plusieurs fois et me fit lui raconter mes projets et mes espérances. J'avais en ce moment sur le chantier certain drame en cinq actes et en vers, le drame obligatoire de tout commençant. Il avait voulu en connaître quelques fragments, sur lesquels il ne tarissait pas d'enthousiasme... « C'est admirable ! » s'écriait-il avec sa pantomime exagérée ! C'est splendide ! Il faut absolument que cela arrive au public. — Mais comment m'y prendre » lui demandais-je ? — « Lisez votre drame à la grande critique, aux journalistes accrédités. — Je n'en connais pas un. — Mais e les connais tous, moi ! je peux les convoquer. — Quoi ! ils consentiraient à... — A écouter votre drame ? j'en réponds... ils sont plus favorables aux jeunes gens qu'on ne croit... Tenez, invitez-les à dîner. Le dîner est encore le meilleur moyen de séduction ; on n'a rien inventé de mieux.

*
* *

Bache était entraînant, je me laissai persuader. Nous convînmes d'un dîner de douze ou quinze couverts, où il se chargerait d'amener les hommes de lettres les plus éminents de Paris et surtout les plus influents. « Dressons notre liste tout de suite, dit-il ; qui voulez-vous voir ? — Mais je ne sais .. conseillez-moi. — D'abord Scribe... le maître de la scène. — Oh ! oui, M. Scribe !... Mais viendra-t-il ? on le dit un peu casanier, un peu sauvage. — Lui ! c'est le meilleur homme du monde ! vous verrez... Ensuite Jules Janin... Voulez-vou[s] Jules Janin? — Comment! si je veux M. Jule[s] Janin?... Pouvez-vous en douter? — C'es[t] qu'il s'endort quelquefois au dessert. — N'im[-] porte! n'importe! — Nous le placerons à côt[é] de Roger de Beauvoir qui lui racontera de[s] méchancetés pour le tenir éveillé. Après ? — Après... Pouvons-nous avoir M. d'Ennery ? — Le roi des Théâtres de boulevard? Certaine[-] ment. — Et M. Théophile Gautier? — Rien d[e] plus facile... il n'a rien à me refuser... je lu[i] ai créé son *Pierrot posthume* au Vaudeville,

Parlant ainsi, Bache avait le crayon levé e[t] inscrivait les noms sur un carnet. « Qui vou[-] lez-vous encore? ne vous gênez pas. Voulez[-] vous Sardou ? c'est une primeur... je ne l[e] sors pas souvent. — Oui, oui, M. Sardou, ré[-] pondis-je vivement. — Edmond About, le peti[t-] fils de Voltaire ? — Oui. — Alphonse Karr ? — Je le croyais à Nice. — Il en est revenu. — Bravo! — Que diriez-vous d'un Dumas[?] — Pourquoi pas tous les deux? — Gourmand[,] on ne peut en avoir qu'un à la fois. — Cela n[e] nous fait encore que neuf convives, remar[-] quai-je. »

Bache réfléchissait. « On pourrait compléter la table avec un lot d'académiciens, que l'on espacerait de cinq en cinq, comme au jeu de l'oie. » Je souscrivis à tous les désirs de mon original condisciple, qui se chargea des invitations et s'engagea à me livrer pieds et poings liés, à jour fixe, les illustrations susnommées.

— A propos, dans quel restaurant aura lieu la fête ? me demanda-t-il.

— Dans celui que vous voudrez.

— Avez-vous des préventions contre Brébant ?

— Moi, justes Dieux ! pas du tout !

— Eh bien ! chez Brébant, alors... il a une certaine teinture des lettres... D'ici là, repassez votre drame, habituez-vous à le lire à haute voix... ne craignez pas de vibrer à propos... Attachez-vous surtout à rendre intéressante la physionomie d'Inez. A bientôt !

— A bientôt !

*
* *

— Je jetai un long regard de commisération u maire d'Hauvrincourt.

Il me comprit, soupira, et continua son récit :

— Au jour dit, Bache me les amena tous, comme il s'y était engagé.

— Tous.

— Oui, monsieur. Il y en eut même quelques uns de plus, comme Hippolyte Lucas. Il m'amena Scribe, Jules Janin, Roger de Beauvoir, Théophile Gautier, Adolphe d'Ennery, Victorien Sardou, Edmond About, Alphonse Karr, Alexandre Dumas fils. Il m'amena les trois académiciens promis et supplémentaires...

— En uniforme?

— Non. Mais avec un bonnet de soie noire.

— C'est prodigieux !

— N'est-ce pas ? Et ce qu'il y a de plus prodigieux, c'est que je les ai reconnus tous... ou que je crus les reconnaître.

— Bah ! il fallait que vous eussiez une fameuse dose de bonne volonté.

— Que voulez-vous ? j'étais confiant. Les présentations furent faites par Bache avec ce vif sentiment de l'étiquette qu'il apportait à toutes choses. Je reçus les salutations et les poignées de mains de tous les princes de la littérature. Je les trouvai charmants... Un peu trop sans façon peut-être... Je m'imaginais plus de réserve chez des gens si haut placés... On agita la question de savoir si je lirais mon drame avant ou après dîner; elle fut tranchée presque aussitôt par Jules Janin, qui s'écria de sa grosse voix enrouée et joyeuse : « Dînons d'abord ! on ne sait pas ce qui peut arriver ! »

— Pas poli ! murmurai-je.

— Non... et j'en fus légèrement étonné... On se mit donc à table sur-le-champ. J'avais Scribe à ma droite et Théophile Gautier à ma gauche. Ils étaient assez taciturnes tous les deux ; mais quelle fourchette ce Scribe, et quel gobelet ce Gautier ! J'essayai de mettre ce dernier sur le chapitre de l'Orient ; il me répondit d'une manière évasive ; j'en fus réduit à me rejeter sur des banalités, comme de lui demander s'il y avait longtemps qu'il ne s'était fait couper les cheveux.

— Vous y croyez, à mes cheveux ? dit-il brusquement.

— A ces cheveux mérovingiens célèbres dans les annales romantiques ? Certes, j'y crois !

— Eh bien! vous êtes encore un bon jeune homme, vous... C'est une perruque !

On m'aurait asséné un coup de bûche sur la nuque que je n'aurais pas été plus stupéfait.

Je ne fus guère plus heureux avec Scribe, auprès de qui je cherchais à m'enquérir de ses procédés de travail.

— Moi ? me répondit-il, je ne peux rien faire qu'après deux ou trois parties de piquet.

Les autres convives n'étaient pas moins absorbés dans leur fonction gastronomique; rien ne pouvait les en arracher. Bache lui-même semblait vouloir spécialiser la conversation par des apostrophes de ce goût : « Eh bien ! mon cher Sardou, que dites-vous de ces poulets à la Dauphine ? » Ou bien : « Mon cher Karr, appliquez donc la réflexion de votre odorat à ce remarquable vin de Corton ! »

Du reste, aucune saillie littéraire, rien qui vint déceler la noble profession de ces intelligences.

Le bon hôtelier Brébant était entré plusieurs fois dans la salle pour donner son coup d'œil au service. En entendant les convives s'interpeller par leurs noms d'un bout de la table à l'autre, il avait donné des signes de la plus profonde surprise.

⁂

Vint le moment, cependant inévitable, où l'animation s'empara du dîner comme la flamme s'empare d'une pièce d'artifice. Ce moment fut suivi du champagne et du dessert. La gaieté prit un aspect général, mais ce fut une gaieté bruyante et, le dirai-je? qui me sembla peu digne d'une aussi illustre assemblée.

Jusqu'alors aucune parole n'avait été prononcée sur le but de la convocation. Au café, Bache crut opportun de rappeler la lecture qui devait avoir lieu. « Une lecture? ah! c'est vrai! » exprimèrent les visages : et dans cet étonnement je crus surprendre quelques chuchotements et comme des rires étouffés.

Chacun s'arrangea de son mieux, soit au fond de son fauteuil, soit à demi-roulé sur un divan, comme pour une traversée en bateau à vapeur, pendant que je déroulais le manuscrit de mon drame...

— C'est trop fort ! m'écriai-je malgré moi en interrompant le maire d'Hauvrincourt.

Il s'arrêta, puis reprit après son impassibilité souriante :

— Tout alla bien au commencement. Théophile Gautier tenait les yeux fixés sur moi en fumant sa pipe et en se confectionnant des grogs ; d'Ennery approuvait de la tête aux beaux passages. Mais peu à peu les fronts s'inclinèrent sur les poitrines, les yeux se vitrèrent insensiblement. Au bout d'une demi-heure, j'en vins à compter les défections; Roger de Beauvoir et Dumas fils étaient partis à *l'anglaise*. Essayant de rallier mes derniers auditeurs, je me précipitai dans le corridor.

— Monsieur cherche quelqu'un ! me dit un garçon.

— Oui... M. Scribe.

— Il n'est pas venu ce soir.

— Comment ! m'écriai-je ; il a dîné avec nous.

— Monsieur se trompe assurément.

— Il était à côté de M. Jules Janin.

— Oh ! pour le coup, Monsieur fait erreur,

dit le garçon; M. Janin dîne au 12 avec plusieurs de ses amis.

Le garçon s'éloigna; M. Brébant vint à passer.

— M. Brébant? lui dis-je, avez-vous rencontré M. d'Ennery?

— Non, monsieur... M. d'Ennery est actuellement à Antibes.

— A Antibes? Quoi! le monsieur qui était en face de moi, maigre en cheveux blancs...

— N'est pas M. d'Ennery.

Je rentrai, chancelant, dans la salle à manger. Il n'y restait plus que deux personnes : Edmond About qui ronflait stoïquement, et Théophile Gautier qui en était à son dixième grog.

Je frappai sur l'épaule de ce dernier :

— Eh! que pensez-vous de mon drame, Théophile Gautier?

Il releva sa grosse tête alourdie, et répondit la langue épaisse :

— Moi... pas Gautier... Bigouroux, moi!... Très bien, le petit ouvrage!

CHEZ SAINTE-BEUVE

Troubat, le secrétaire bien connu de Sainte-Beuve, vint un jour chez moi.

— Bonne nouvelle! me dit-il, le maître a décidé de vous consacrer un article dans ses *Nouveaux lundis*.

— Un article... à moi? balbutiai-je.

— A vous.

Tout entier?

— Tout entier... une étude, un portrait, si vous l'aimez mieux. Il m'a déjà envoyé à la Bibliothèque pour y chercher vos œuvres complètes. Vous savez sa méthode de travail : il veut connaître absolument le sujet dont il s'occupe. Un de ces jours il vous écrira pour prendre rendez-vous et vous inviter à venir *poser* chez lui.

— Ah! mon cher Troubat! m'écriai-je en lui sautant au cou.

Pour comprendre l'émotion dont j'avais été saisi, il faut se reporter à l'époque où les *Nouveaux lundis* paraissaient périodiquement dans le *Constitutionnel*, et se rappeler le retentissement exceptionnel de ces morceaux de haute critique.

Avoir un article de Sainte-Beuve était un des plus grands triomphes qu'un littérateur pût rêver. C'était pour quelques-uns d'entre nous comme la récompense de toute une carrière ; on recherchait d'autant plus ses articles qu'il ne les prodiguait pas à tout venant. J'ai connu des gens (Madame Louise Colet) entre autres, qui étaient venus habiter dans son voisinage, exprès pour être plus à portée de le guetter et de surprendre sa bienveillance. Mais personne moins que Sainte-Beuve ne cédait à l'importunité ou à la séduction.

Je n'avais eu avec lui jusqu'alors que des rapports de simple convenance ; je l'avais connu chez le docteur Véron. Mais je professais pour lui une vive admiration, bien qu'elle n'allât pas cependant jusqu'à enchaîner mon indépendance. J'avais publié dans le *Figaro* un article intitulé : les *Rancunes de M. Sainte-Beuve*, article de pure discussion littéraire et tout enveloppé des plus respectueuses réserves, mais qui aurait pu cependant m'aliéner ses bonnes grâces. J'en fus quitte pour une simple lettre de badinage qu'il m'écrivit le lendemain.

Peu de jours après la visite de Troubat, je reçus le billet annoncé de Sainte-Beuve ; un véritable billet aussi concis que possible, tracé en pattes de mouche, m'indiquant un matin avant midi.

.˙.

Inutile de dire si je fus exact, contrairement à mes habitudes. La domestique qui vint m'ouvrir la porte de la petite maison de la rue Montparnasse m'accueillit comme quelqu'un d'attendu et me précéda, pour m'annoncer, dans l'étroit escalier qui conduisait au cabinet de travail du maître.

Il était avec Troubat, qui se retira au bout de quelques minutes.

— Mettez-vous là, mon cher confrère, me dit Sainte-Beuve, en m'indiquant un fauteuil près de son bureau... bien dans le jour... comme si vous étiez devant...

— Devant Terburg ou Meissonier ? dis-je en souriant.

— Oh ! oh ! je me contenterai aujourd'hui des pastels de Chardin.

— Savez-vous, mon cher maître, que vous me troublez avec tout cet appareil ?

— Laissez donc ! vous n'êtes pas un gaillard à vous troubler pour si peu. On en connaît de vos portraits, à vous aussi... et la *Lorgnette littéraire ?*...

— Bah ! des caricatures !...

— C'est bon ! c'est bon ! murmura Sainte-Beuve ; nous en causerons tout à l'heure ; apprêtez-vous à répondre à mes questions, pendant que je prendrai mes notes.

— Je suis tout prêt, cher maître.

Alors commença un interrogatoire dans les formes :

Quel est ton nom, ton rang, ta patrie et ton Dieu ?

*
* *

Sainte-Beuve était d'une minutie de juge d'instruction; il lui fallait le pourquoi et le comment de toute chose. A mesure qu'il m'interrogeait je me sentais envahir par une idée satanique et dont j'eus honte plus tard. Si je m'arrangeais à ses yeux une existence de fantaisie? Si je corrigeais les torts de la destinée, comme un joueur corrige la fortune? L'occasion était unique; il ne tenait qu'à moi d'égarer mon biographe. Je pouvais m'attribuer des aventures prodigieuses, des amours romanesques... La pensée de cette *fumisterie* ne dura que le temps d'un éclair.

Pendant ce temps, Sainte-Beuve en était arrivé à mon portrait physique. Moi, de mon côté, afin de m'occuper, je traçais dans mon esprit les traits nécessaires à un portrait futur de Sainte-Beuve.

Voici le texte du grand critique :

Charles Monselet, personnage d'une quarantaine d'années, portant lunettes, bonne mine, mâle encolure, tête posée avec aplomb, menton ras et double, lèvre fine, ferme, prompte à la malice... » (Voir les *Nouveaux lundis*, article du 24 avril 1865).

Voici, à mon tour, les lignes éparses que j[e] retrouve dans ma mémoire, après vingt ans [:] « Sainte-Beuve... sexagénaire portant juste so[n] âge... L'aspect conique de la tête me dérout[e] entièrement, je ne peux pas m'y habituer.. Le visage est d'une femme mûre, à la chai[r] un peu molle ; le nez gros, comme celui d[e] Renan ; la main soignée... Tout le foyer d'in[-] telligence est réfugié dans les yeux et dans l[a] bouche : que d'esprit et même de rêverie dan[s] ces yeux ! d'autres y voient le génie de l'ob[-] servation et de l'assimilation ; c'est possible[,] moi j'y découvre l'auteur des *Pensées d'août*.. On me dira que j'exagère là son système ; l[a] faute en est à l'atmosphère que je respire en c[e] moment... La bouche de Sainte-Beuve es[t] aussi très significative ; non surveillée et n[e] surveillant pas, elle pourrait passer pour un[e] bouche ordinaire et bonasse, mais, dans l'éta[t] de causerie, elle contient un monde de fine[s] réticences, qu'elle ne cherche pas à cacher.. Alors, et pour peu qu'une certaine surexcita[-] tion s'en mêle, c'est Voltaire gras. »

Les deux projets d'article se continuaien[t] ainsi, d'une façon parallèle :

Sainte-Beuve sur moi : « Monselet est pour moi la figure vivante du littérateur qui se disperse. »

Moi sur Sainte-Beuve : « Sainte-Beuve est le représentant le plus curieux du poète qui se regrette. »

Sainte-Beuve sur moi : « Le goût des livres et de l'érudition semble vouloir prendre le dessus en lui avec les années ; c'est bon signe : qu'il ait un jour le plat du milieu, le livre solide et de résistance, tous ses hors-d'œuvre y gagneront. »

Toujours le mot terrible et fatal, le mot de la cuisine, intervenant sans cesse à propos de mon œuvre !

Tu l'as voulu, Brillat-Dandin !

*
* *

Depuis cette semaine-là j'ai revu plusieurs fois Sainte-Beuve. Un jour entre autres, pour me faire honneur, il voulut m'avoir à cette table, cette petite table où sept convives seulement pouvaient tenir place. [L'invitation, tout entière de sa main, ne manquait pas d'originalité :

« Venez dîner sans façon jeudi, à six heures e demie, à la bourgeoise, sans aucune façon ni toilette. J'ai une cuisinière qui fait très bien les rognons sautés : vous m'en direz des nouvelles.

» Tout à vous,
» SAINTE-BEUVE.

» Un petit mot de réponse, un *oui* tout court. »

Si touché que je fusse de cette invitation, je ne pus m'empêcher de faire la grimace à l'annonce des rognons. Des rognons sautés pour dîner ! Quelle hérésie ! Et sans doute *au vin de Champagne !* Cela accusait bien le côté bonhomme de l'amphitryon, resté fidèle sans doute à quelque sensation d'enfance. J'ai connu des gens sérieux pour lesquels un vol-au-vent était resté le nec plus ultrà de la gastronomie. Quelques années auparavant, en 1863, j'avais déjà rencontré le plat de rognons sautés à un dîner chez Paul de Kock, dans sa maison de Romainville.

Au repas de Sainte-Beuve, il y avait Paul

Chéron, de la bibliothèque de la rue de Richelieu, parmi d'autres convives que je n'ai pas mission de nommer. Chéron m'était sympathique ; je lui avais envoyé un de mes volumes, quelques jours auparavant, avec cette dédicace :

>A Chéron
>Gros et rond,
>Monselet
>Gras, replet !

Rognons à part, ou rognons compris, ce dîner est un des plus charmants que j'aie faits de ma vie. Sainte-Beuve, qui n'adorait rien tant que l'intimité, s'y montra plein d'enjouement et de saillies.

L'enjouement, c'était en effet sa qualité favorite ; il ne voulait pas aller plus loin, et poussait rarement jusqu'à la gaîté ; cependant, il l'aurait volontiers aimée chez les autres, mais il ne fut jamais entouré de gens bien joyeux. J'en excepte Théophile Gautier, dont les propos de haute graisse savaient le divertir.

Nous causâmes de toutes choses. Il parlait comme il écrivait, effleurant, contournant, piquant un trait çà et là, mettant un détail en lumière. Il était plus réservé sur les individus ne les approchant qu'avec des précautions d[e] chat touchant au rôti, selon une expressio[n] d'Hippolyte Castille, et, dans tous les cas, cu[-] rieux de l'avis d'autrui avant de livrer le sien[.] C'est ce qui lui avait donné cette qualité d[e] savoir écouter. Il semblait avoir pris pour de[-] vise le *Curiosa felicitas* d'Horace.

En tant qu'amphitryon, il y avait plus d[e] rapports qu'on ne croit entre lui et Victor Hug[o.] C'était le même parti pris d'amabilité enver[s] les hommes, la même galanterie recherché[e] avec les femmes ; une voix douce et mesurée[.] Tous les deux savaient placer à propos un[e] anecdote, et ne s'en privaient pas.

J'aime à reporter ma pensée vers cet a[i-] mable et grand esprit, le chef de l'école cr[i-] tique nouvelle. M. Auguste Vitu, écrivant su[r] lui, au lendemain de sa mort, l'a justeme[nt] qualifié : « le plus vaste tempérament littérair[e] qu'on ait vu depuis Gœthe. » Il laisse un mo[-] nument qui sera toujours consulté, indispe[n-] sable à l'histoire du dix-neuvième siècle.

Il eut beaucoup d'ennemis, ayant appréci[é] et jugé des milliers de personnes appartena[nt] tous les mondes : artistes, politiques, soldats, historiens, etc., etc. Mais il a des amis qui veillent encore sur sa mémoire et qui se réunissent tous les mois dans un dîner appelé le *dîner Sainte-Beuve.*

LA FIN D'UN COMÉDIEN

Je vais être bien certainement taxé d'exagé-
ation par quelques-uns de mes contemporains
n racontant comme quoi je fus un jour invité
 dîner par Privat d'Anglemont.
 Pour ceux qui ont connu ce grand flandrin
 i aurait rendu des points au Juif-Errant pour
a modicité des ressources financières, la chose
araîtra fabuleuse ; elle n'en reste pas moins
igoureusement historique.
 C'était vers 1850, s'il m'en souvient bien, de-
ant un café du boulevard, qu'eut lieu cet évé-
ement hyperboliquement invraisemblable.
rivat d'Anglemont, m'ayant vu passer, me
éla derrière un verre d'absinthe, d'où il me
t l'étonnante proposition que je viens de
ire :
 IL M'INVITA A DINER !

Et comme, revenu de ma première surprise, je sollicitais des explications, il me dit avec un grand air :

— Rassurez-vous... le dîner sera bon... et nous serons en honorable compagnie.

Là-dessus, ayant toléré, sans aucune résistance, que je payasse sa consommation, il se leva, féerique et géant, et m'emmena non loin de là dans une rue et dans une maison qui existent encore, la rue et l'hôtel Ventadour.

Rue sans animation, sans magasins, par où l'on ne passe qu'accidentellement ; maison de lourd et sombre aspect, n'ayant gardé du passé que l'ennui. Au dernier siècle, l'hôtel Ventadour avait dû appartenir à quelque financier mélancolique. Les pièces étaient hautes et boisées, avec des restes de dorure et de peintures enfumées.

Privat d'Anglemont me conduisit tout droit à la salle à manger qui était située au rez-de-chaussée. Nous y trouvâmes une douzaine de personnes déjà installées, convives silencieux et insignifiants, en harmonie avec les lieux. J'étais tombé dans une table d'hôte.

Nous prîmes place au bout en qualité de derniers arrivants. Presque aussitôt, un personnage vêtu de noir, qui n'était autre que le maitre de la maison, vint à Privat, qu'il connaissait et avec lequel il échangea quelques civilités. Je commençais à comprendre.

Le repas fut ce que Privat m'avait annoncé : honnête, bourgeois, abondant. Mangeur assez peu raffiné, il avait l'air de se régaler sincèrement. Comme il n'avait pas tardé à prendre ses aises, il vantait à haute voix l'excellence de chaque mets et cherchait à communiquer un peu de son enthousiasme à ses voisins. Mais ne trouvant qu'un médiocre écho, il se rejeta sur moi :

— Hein ? Comment trouvez-vous cette sole normande ? quelle fraîcheur ! quelle finesse !

— Oui, lui répondais-je complaisamment ; oui...

— Et cette blanquette de veau ? comme c'est compris ! on n'en mangerait pas de plus exquise à Pontoise même.

— Très bonne, la blanquette...

Et Privat, s'adressant aux dîneurs :

— Figurez, messieurs, que mon ami, que voici, est une fourchette de premier ordre, en même temps qu'un praticien consommé !... Vous voyez en lui le cuisinier en chef de la princesse Bagration, la célèbre princesse Bagration... la première table de Saint-Pétersbourg.

Sur un haussement d'épaules que je ne pus retenir :

— Laissez-vous faire, me dit-il à l'oreille.

La vérité était que je prenais peu de souci des billevesées qui s'échappaient de la bouche de Privat d'Anglemont.

Mon attention était fixée sur le maître de la maison qui allait et venait, sans se mêler directement du service, homme de bonnes façons, assez avancé en âge, à la physionomie accentuée, aux yeux singulièrement intelligents. Plus je l'examinais, plus il me semblait que ses traits ne m'étaient pas étrangers. A la fin, je murmurai en poussant le coude de Privat :

— Mais je le connais ! je le connais...
— Qui ?
— L'hôte de céans... Je l'ai déjà vu quelque part.
— Je le crois parbleu bien !... c'est Lepeintre aîné.

*
* *

Lepeintre aîné ! Lepeintre aîné l'acteur ! une célébrité de jadis ! aussi populaire que les plus populaires d'à présent ! le successeur le plus direct de Potier ! Et toute une époque me revenait à l'esprit en le regardant avec curiosité. Lepeintre aîné, le *Soldat laboureur !* Lepeintre aîné, le *Bénificiaire !* Lepeintre aîné, *Monsieur Botte !* Lepeintre aîné, le *Hussard de Felsheim !* des succès de toutes sortes, des succès à en revendre, des succès argent comptant, comme ceux d'aujourd'hui ! O fragilité de l'art dramatique !

Lepeintre aîné, sec et nerveux, appartenait à cette race de comédiens disparus qu'on appelait des *brûleurs de planches :* les Philippe, les Bernard-Léon, les Achard. Il excellait dans le couplet de facture et particulièrement dans le rondeau militaire, qu'il débitait avec une volubilité et un feu incroyables ; c'était plus que de l'entrain, c'était de la trépidation. Dans un récit de bataille, par exemple, il n'avait pas son pareil pour imiter la fusillade, le son du clairon, le roulement du tambour. Avec quelle vaillance, le sabre en main, il savait défendre son colonel et son drapeau ! — Lepeintre aîné avait fait longtemps les beaux jours des *Variétés* et du *Vaudeville*.

Il n'était pas déplacé dans la comédie. A l'époque où se place ce récit, il était attaché d'une façon intermittente à l'Odéon, où sa dernière création devait être dans les *Droits de l'homme* de Jules de Prémaray.

Comment un artiste de cette valeur et de cette autorité en était-il venu à cumuler l'exercice de son art avec les fonctions inférieures d'hôtelier ? Privat d'Anglemont me l'expliqua en peu de mots : Lepeintre aîné avait perdu dans des spéculations tout un avoir longuement amassé ; d'un autre côté, sa mémoire, jadis si merveilleuse, commençait à broncher ; il s'en apercevait et l'on s'en apercevait ; encore quelque temps, et elle lui échapperait tout à fait. Dans ces circonstances douloureuses, il avait demandé des ressources à l'industrie. Hélas ! quelle industrie ! une des plus attristantes entre toutes : la maison garnie et la table d'hôte !

Moins hanté par la guigne, il aurait peut-être réussi. Il lui aurait fallu pour cela de la publicité, et encore de la publicité. Mais les capitaux lui manquaient ; il ne pouvait payer les réclames nécessaires qu'en offrant aux journaux des *bons de dîner;* quelques-uns s'en contentèrent par considération pour le vieil artiste ; ce fut le petit nombre. Plusieurs de ces bons avaient été distribués par le *Siècle* à Privat d'Anglemont, un de ses rédacteurs de passage. Ainsi me fut expliquée la libéralité insolite dont celui-ci venait d'user à mon égard.

*
* *

Lorsque la table d'hôte Ventadour se fut dégarnie peu à peu, malgré les efforts d'éloquence de Privat, Lepeintre aîné s'approcha e nous pour nous demander *si nous étions contents.* Ce fut l'horrible formule dont il se servit ; elle me fit mal et me laissa mesurer toute la profondeur d'une chute d'homme.

Privat, lui, n'y vit autre chose que la déférence d'une hôte.

— Contents ! s'écria-t-il ; c'est-à-dire enchantés, ravis, mon cher monsieur Lepeintre !... On ne mange bien que chez vous... Je veux en informer tout le monde et l'apprendre à l'univers entier... Le ciel m'écrase si, d'ici à un mois, tout Paris ne vient pas s'asseoir à l'hôtel Ventadour !

Le pauvre comédien souriait d'un air humble.

— Je me recommande à vous, messieurs.

— Soyez tranquille ! disait Privat continuant ses jactances ; Louis Desnoyers n'a rien à me refuser, Delamarre non plus ; je vous ferai passer un article dont vous me direz des nouvelles... — A propos, monsieur Lepeintre ?

— Quoi ? Monsieur Privat ?

— Il me reste deux de vos cachets... Est-ce que je ne pourrais pas les échanger ce soir contre une bouteille de vin d'extra ?

J'étais devenu rouge de confusion.

— Mais parfaitement, monsieur Privat, vous n'avez qu'à demander... Que voulez-vous, Bourgogne ou Bordeaux ?

— J'ai une tendresse plus particulière pour le Bordeaux... Je l'ai chanté dans un sonnet dont Banville est effroyablement jaloux.

— Justement, j'ai d'excellent Saint-Emilion... Permettez-moi de vous en faire monter une bouteille.

J'aurais voulu étrangler Privat ; pourtant, j'aurais dû être habitué à ses frasques.

Le Saint-Emilion apporté, Lepeintre aîné accepta d'en prendre un verre. J'essayai de le faire causer ; il ne s'y refusait point, mais c'était sans vivacité. Je lui rappelai quelques-uns de ses anciens triomphes, et comment il m'avait été donné autrefois de l'applaudir en province, dans l'*Abbé de l'Epée*.

— Oui... c'était un de mes bons rôles, me répondit-il ; j'avais la tradition de Monvel, qui l'a créé... Mais c'est un genre démodé... On ppelle cela aujourd'hui un *bénisseur*, un *coleur d'affiches*, je ne sais... je tâcherai pourant de le reprendre pour ma représentation à énéfice que je prépare à l'Odéon.

Après quelques mots encore, Lepeintre se etira discrètement.

Le terrain demeura tout entier à Privat 'Anglemont.

Sa verve un peu commune m'amusait.

Cependant la bouteille de Bordeaux allait on train. Lorsqu'il n'en resta plus un goutte,

Privat devint pensif et parut réfléchir. Puis il fouilla de nouveau dans ses poches.

Cette fois, ce fut au garçon, resté seul avec nous, qu'il s'adressa.

— Mon ami, lui dit-il, je viens de retrouver encore sur moi quelques cachets... Apportez une bouteille de champagne.

— Oui, monsieur.

Au bout d'un quart d'heure Privat était *lancé*, comme on dit ; au bout d'une demi-heure, il était tout à fait *parti*. Alors ce fut un spectacle étrange. Du fond de ses vêtements il tirait encore, il tirait sans cesse des cachets : il en tirait de son habit, de son gilet, de son pantalon, de ses bottes, les multipliant comme eût fait un escamoteur, les essaimant autour de lui

A minuit, il n'avait pas encore épuisé sa provision.

Je fus obligé de l'entraîner hors de l'hôtel Ventadour.

*
* *

Ce qui me reste à raconter n'est rien moins que gai.

La table d'hôte de Lepeintre aîné ne dura pas longtemps. C'était prévu. Il revint à ses planches un peu plus triste qu'auparavant. Sa maudite mémoire continuait à lui jouer de méchants tours. Un soir, il demeura court en scène, bouche béante. Le public eut une sensation pénible, mais il n'en manifesta rien ; le public parisien a souvent de ces délicatesses.

Quant à Lepeintre aîné, ce soir-là, après la pièce, il serra plus convulsivement la main de ses camarades. Puis, il quitta le théâtre, seul, et marcha tout droit devant lui. Il alla jusqu'au canal Saint-Martin. Là, il s'arrêta et se jeta à l'eau.

Je raconte le fait brutalement, comme il s'est passé. Il était tard dans la nuit, personne ne passait par là. On ne retrouva le cadavre que le lendemain. Ce ne fut qu'un cri d'étonnement dans tout Paris. Un vieillard si correct ! qui ressemblait si bien à un homme heureux !

Et l'on parla pendant vingt-quatre heures de Lepeintre aîné.

AUGUSTE LIREUX

Un individu remuant, de belle mine, bien en chair et en couleur, grand, brun, barbu, découplé, plutôt robuste que gros, la poitrine bombée, actif de la tête aux pieds, les yeux étincelants derrière des lunettes, le chapeau à larges ailes sur l'oreille, grand hâbleur, grand harcheur, c'était Lireux. Peu d'hommes à Paris ont tenu plus de place et se sont donné plus de mouvement que ce Lireux, aujourd'hui si parfaitement inconnu de la génération actuelle. On devinait en lui une somme de vitalité considérable, qu'il dépensa au jour le jour sans compter.

Il était venu de Rouen à Paris avec une idée fixe (on dirait aujourd'hui un objectif) : être directeur de l'Odéon. Cela semble une chose toute naturelle aujourd'hui, mais alors c'était un désir qui ne pouvait éclore que dans un cerveau bizarrement équilibré. On avait sur l'Odéon toutes sortes de préjugés gothiques, entre autres celui de la distance qu'on s'exagérait à dessein ; il semblait que ce fût un autre Kamtschatka et Théophile Gautier a pu écrire :

> On a fait là-dessus mille plaisanteries,
> Je le sais ; il poussait de l'herbe aux galeries ;
> Trente-six variétés de champignons malsains
> Dans les loges tigraient la mousse des coussins...

Dix ans après, les mêmes préjugés existaient encore, et c'était au tour de Philoxène Boyer de rimer sur ce vieux thème :

> L'Odéon, c'est toujours, pour l'esprit des journaux,
> Le volcan dont le temps éteignit les fourneaux,
>   La Palmyre aux détours sonores,
> Dont jamais un Volney ne trouble le repos,
> Et le morne désert où ronflent les troupeaux
>   De buffles et d'onocentaures !

Onocentaures est dur ; mais pouvait-on mé- dire assez d'un théâtre qui, une fois, était demeuré vide ou à peu près pendant un spectacle gratis ? Les vaudevillistes daubaient

qui mieux mieux sur l'Odéon. Odry disait :
« C'est le théâtre le plus *plaint* de Paris. » A
quoi Vernet ripostait : « Voilà pourquoi il
demande à être *administré.* »

Tel était le théâtre dont Lireux briguait la
direction. Notez qu'il n'avait jamais écrit de
pièce, ni rêvé d'en faire une. Mais il avait collaboré à plusieurs gazettes dramatiques, et il
croyait que cela lui constituait une sorte d'expérience. Surtout il comptait sur son étoile.

En 1841, il racheta le privilège de M. d'Epagny, qu'on avait d'abord proposé à Hippolyte
ucas ; et de la même façon que, dans *Hernani*, don Carlos s'écrie :

> Empereur !... au refus de Frédéric-le-Sage !

Lireux s'écria, avec la même pointe d'amerume :

> Directeur !... au refus d'Hippolyte Lucas !

N'importe, il touchait à son rêve. Alors,
'Odéon put voir, pendant trois ou quatre ans,
n directeur comme il n'en avait jamais vu.
a troupe était mal payée et manquait souvent
e tout, comme l'armée d'Italie, mais son jeune

général la menait à la victoire. Elle l'aimait pour sa belle humeur inaltérable, pour ses reparties pétillantes. Petit à petit le public des écoles fit comme les comédiennes et à son tour prit Lireux en affection; on faisait fréquemment du *boucan* à l'Odéon, tantôt à propos des pièces, d'autres fois, pour rien, pour le plaisir. Dans ces circonstances-là, on appelait Lireux à grands cris, et Lireux surgissait et haranguait les spectateurs. Il avait la langue bien pendue; il aurait mérité d'être Méridional; insensiblement on en vint à désirer de le voir et de l'entendre. « Lireux parlera-t-il ? » se demandait-on avant d'entrer.

Et puis c'était un homme d'égards. Un soir d'hiver et de tragédie, il fit apporter des chaufferettes aux rares personnes disséminées dans le parterre. Ces choses-là attachent.

Il avait des mots à revendre. L'acteur Machanette vint lui réclamer le rôle d'Alceste, en lui disant : « Vous n'avez personne pour jouer le *Misanthrope*. — J'ai mon caissier », répondit Lireux.

*
* *

Le hasard mit Balzac sur sa route. Ce fut comme un choc électrique entre ces deux hommes, qui avaient tant de points de ressemblance. Balzac avait entendu parler de Lireux, de sa vaillance, de son esprit d'initiative et de son audace ; il lui apporta les *Ressources de Quinola*. L'auteur et le directeur se comprirent sur-le-champ ; Léon Gozlan a raconté dans une page devenue classique l'entretien qu'ils eurent tous deux pour déterminer la composition du public de l'Odéon lors de la première représentation de *Quinola*. Balzac ne voulait au parterre que des chevaliers de Saint-ouis.

Lireux s'étonna d'abord, mais il se remit romptement.

— Vous n'aurez au parterre que des chevaliers de Saint-Louis, répondit-il ; seulement, ous vous chargez de les trouver.

— Je m'en charge. Continuez à me désigner s places, je vous prie.

— Orchestre... dit Lireux.

— A l'orchestre les pairs de France.

— Mais l'orchestre, monsieur de Balzac, ne s contiendra pas tous.

— Ils se tiendront debout dans les couloirs.

— Loges d'avant-scène.

— La cour aux loges d'avant-scène.

— Avant-scènes des premières, continua Lireux.

— Les ambassadeurs et les plénipotentiaires.

— Baignoires découvertes des premières.

— Les femmes des ambassadeurs.

— Secondes galeries! cria Lireux.

— Les députés et les grands fonctionnaires de l'Etat aux secondes galeries, répliqua Balzac.

— Troisièmes galeries!

— La haute finance... achevez, monsieur Lireux.

— Quatrièmes galeries!

— Une bourgeoisie riche et variée, acheva Balzac.

J'abrège la scène, qui a souvent été citée Elle fait connaître Lireux autant que Balzac

— Lireux avec son ironie bonne enfant, et l jeu clignotant de ses lunettes vingt fois ôtées vingt fois remises.

Lireux, qui n'avait pas inventé Balzac, inventa Ponsard ; il commença à battre monnaie avec *Lucrèce,* et finit par arracher au gouvernement une subvention de 60,000 francs, qui avait toujours été une des facettes de son rêve. Et cependant, ni *Lucrèce,* ni la subvention, ni une fièvre d'activité sans égale ne purent le maintenir dans sa direction. Il sombra en 1845.

Le journalisme reçut l'enfant prodigue, vaincu, mais non découragé. Comme il fallait vivre, il accepta de la Comédie-Française une place de lecteur-examinateur. Survint la Révolution de 1848. Il s'y retrempa et y trouva de nouvelles ressources à la façon de *Quinola.* De cette époque datent son *Assemblée Nationale Comique* et la création de la *Revue Comique.* Sa collaboration au *Charivari* le conduisit, par un chemin imprévu, au feuilleton dramatique du *Constitutionnel.*

*
* *

Ici est nécessaire de faire une halte pour caractériser le talent d'écrivain d'Auguste Lireux. Pamphlétaire politique ou critique de théâtre, il est un peu bourgeois ; il a du gros bon sens et de la grosse gaieté ; il suit la foule, il ne la guide pas. Nul essor vers un idéal quelconque. Je lui trouve beaucoup de rapports avec un homme de sa génération, Auguste Villemot, mais Auguste Villemot avait plus d'instruction première qu'Auguste Lireux.

L'article de genre florissait lorsque Lireux fit ses débuts dans les petits journaux. On l'y remarqua. Aujourd'hui, c'est une formule bien vieillie et même presque disparue. A ce titre, je veux reproduire cet article de Lireux intitulé : *De la Tyrannie des Lunettes*. On sait que les lunettes jouaient un grand rôle dans son existence, il traitait de son sujet *ex-professo* :

« C'est, dit-on, du milieu du quatorzième siècle que le Pisan-Alexandre Spina médita et accomplit les bésicles dans son fatal génie. L'Italie du moyen âge, qui fournissait l'Europe de poisons et d'astrologues, d'inquisiteurs et de bravi, devait en effet la doter du plus terrible auxiliaire de l'astuce et de l'hypocrisie.

» L'antiquité connaissait le verre. Moïse,

Job et Aristote en parlent. Mais jamais l'idée de l'employer en lunettes ne pouvait venir à des hommes qui respectaient trop la ruse pour la matérialiser.

» La célèbre controverse sur les *nez antiques*, qui a eu lieu à l'Université de Gœttingue met en doute, il est vrai, le mérite des Grecs dans cette question de loyauté.

» Se fondant sur ce que, depuis l'Apollon jusqu'à la Vénus de Milo, jamais une statue grecque ne nous est parvenue avec son nez (ce qui est parfaitement historique), la majorité des docteurs allemands pensent que le nez est d'invention romaine, et que jamais Grec n'en a porté. Cette assertion paraît très sensée, quand on songe aux effroyables nez que se mettaient les Césars. Tout inventeur aimant à voir exagérer son invention, on comprend alors combien cette inscription devait flatter le Sénat et le peuple romain : S. P. Q. R. »

*
* *

Cet article assez incolore est tiré de la *Re-*

vue comique, recherchée aujourd'hui plutôt pour ses illustrations (il y en a de Nadar, qui signait alors *Nadard*) que pour le texte de Lireux.

J'en dirai presque autant de ce gros volume illustré par Cham : l'*Assemblée nationale comique*. Chacun des articles qui raconte une séance est dramatisé comme un petit tableau. C'est tantôt une passe d'armes, tantôt une inondation, tantôt un incendie, tantôt un combat naval. Vous voyez d'ici le procédé :

« L'amiral Carry, ministre de la marine, a rencontré le Dahirel, à la hauteur du conseil d'amirauté. Ce Dahirel a lâché le premier une bordée d'interpellations que l'amiral a reçue dans ses hautes voiles, etc., etc. »

Une autre fois c'est à l'astronomie que Lireux emprunte ses images :

» Soudain, l'attention de l'Assemblée a été distraite par un spectacle imprévu : tous les yeux se sont levés en l'air pour regarder quelque chose qui semblait descendre vers la tribune. Ce quelque chose encore indistinct ressemblait à un orateur en baudruche qui flottait au gré du vent ; puis, on a reconnu que c'était un ballon avec sa nacelle, et qu'il y avait dans la nacelle un être animé. A mesure que l'aérostat se rapprochait, la forme du voyageur ce rapprochait davantage ; un instant, à la longueur des membres et à l'élégance de la silhouette qui se détachait sur le ciel, on l'a pris pour une grande levrette ; puis la levrette est devenue un homme, et enfin la poétique figure de M. de Lamartine est apparue.

» Le ballon s'est arrêté au-dessus de l'Assemblée, et, du haut de la nacelle qui le balançait mollement, M. de Lamartine, avec sa grâce et son aisance accoutumées, s'est mis à agiter ses drapeaux tricolores. Sa voix, tombant de cette hauteur, était souvent emportée par le vent et ne nous arrivait que par bouffées ; mais les notes sonores qui vibraient à travers l'espace, semblaient sortir d'un instrument plutôt que d'une bouche humaine. De là où il était placé, M. de Lamartine pouvait voir la question italienne de très haut, etc., etc. »

A la longue ce système devient monotone et finit par engendrer la fatigue. Aussi, malgré une incontestable bonne humeur, l'*Assemblée nationale comique* n'a-t-elle que la valeur d'un document historique. Les provinces l'achètent encore pour le grand nombre de noms propres qu'on y retrouve ; mais quel intérêt s'attache aujourd'hui à « l'*intrépide* Buvignier, au *beau* Xavier Durrieu, au *petit père* Sarrans jeune, à *moussu* Baze ? » Vieilles lunes ! vieilles lunes !

Après une campagne, qui ne fut pas sans quelque éclat, Lireux dut quitter le feuilleton du *Constitutionnel* à la suite du coup d'état où il fut compromis. Arrêté au divan Lepelletier, il courut de graves périls qui l'éloignèrent pour toujours de la politique active.

*
* *

Nous touchons à sa dernière incarnation. Dans ses courses en coup de vent à travers Paris, il découvrit la Bourse, comme il avait découvert Ponsard. Il s'y fixa. Le génie des affaires, qui n'avait jamais cessé de le hanter, se développa en lui d'une façon exclusive et dévorante. Je le vois encore escaladant, plutôt que montant cet escalier simili-grec. Une de ses dernières créations fut la *Semaine fi-*

nancière, qu'il rédigeait avec Eugène Forcade. — Eugène Forcade ! encore un homme d'une génération disparue, d'un groupe particulier, écrivain de race, admirablement et diversement doué, et qu'il mériterait peut-être, lui aussi, une étude. Mais qui cela intéresserait-il ?...

Enfin, que dirai-je ? Auguste Lireux vécut ses dernières années dans la peau d'un millionnaire. Il l'avait bien mérité pour tout le mal qu'il s'était donné sa vie durant. Il avait une maison de campagne à Bougival où il recevait ses amis, qui lui restèrent constamment fidèles. On a gardé le souvenir de ces fêtes bruyantes, qui se répandaient de la maison jusque sur les rives de la Seine.

Comme Auguste Villemot, qui le précéda — ou le suivit — de peu de temps, Auguste Lireux mourut en 1870. il était écrit que ces deux natures abandonneraient ensemble, sur le seuil de son écroulement, cette société dont elles avaient été deux des plus curieuses expressions.

JACQUOT

On ne s'appelle pas Jacquot lorsqu'on se destine à la littérature. Aussi ne faut-il pas s'étonner que l'infortuné que le sort avait affublé de ce nom grotesque l'ait troqué contre celui de Mirecourt, qui était le nom de son village. Eugène de Mirecourt! cela brille et cela résonne, cela vous sort tout de suite du néant. Et cependant ce pseudonyme d'opéra comique ne fut pas adopté du premier coup par le public, si coulant d'ordinaire en pareilles affaires. Pourquoi cela? Simplement parce que le personnage manquait de modestie.

Jacquot était né arrogant; Eugène de Mirecourt demeura arrogant. Avec cela, une envie féroce de parvenir. Cela n'aurait été que demi-mal s'il avait joint à son ambition une somme quelconque de talent, mais il en avait réellement trop peu pour tout le tapage qu'il a essayé de mener.

Je n'ai pas fait de recherches sur ses commencements ; cela n'est bon qu'à propos des grandes intelligences. Je crois qu'il fut élevé au séminaire : tout l'indiquait : certaines affectations de religiosité, des déclamations intempestives contre l'esprit d'incrédulité, de fréquentes retraites dans des maisons ecclésiastiques. Il s'était marié très jeune dans d'humbles conditions, et il était devenu de bonne heure père de famille, ce qui ne l'empêchait pas, à l'occasion, de *payer son tribut à la dissipation du siècle.*

Tant qu'il ne fit pas exclusivement métier de biographe et qu'il n'eut pas fait tomber la biographie dans la diatribe, Eugène de Mirecourt fut un homme de lettres comme les autres, un romancier non pas de haut vol, mais admis cependant dans les journaux du grand format et dans les cabinets de lecture à la mode. Il s'était lié avec un débutant de son âge, mais d'une valeur autre que lui, un Genevois nommé Marc Fournier, qui avait le théâtre pour objectif. A eux deux, ils écrivirent une pièce en cinq actes, *Madame de Tencin*, qui eut l'heureuse chance d'être représentée à la Comédie-Française et d'y remporter un honorable succès. Pourquoi cette collaboration ne continua-t-elle pas? Elle aurait peut-être sauvé Eugène de Mirecourt. Comme bagage dramatique, il en resta toute sa vie à *Madame de Tencin*, car je ne compte pas un vaudeville en un acte, un à-propos intitulé : les *Tables tournantes*, qu'il composa avec M. Champfleury, et qui fut joué aux Variétés sous la direction Carpier.

Rien que par cette association, si passagère qu'elle fût, avec ces deux littérateurs d'un mérite très réel, on voit qu'Eugène de Mirecourt était quelqu'un et aurait pu être quelque chose. Il était bien vu au Comité de la Société des gens de lettres dont il faisait partie. C'est de cette époque que datent mes rapports avec lui. Il avait trente ans environ, la taille élancée, les cheveux noirs, le nez de François 1er : vêtu correctement, même élégamment, l'air un peu altier par intervalles, et, malgré cela, un entregent naturel, qui lui avait valu des relations nombreuses, à tous les étages de la société.

*
* *

Je lui dois, entre parenthèses, de m'avoir présenté à Alfred de Musset, présentation dont je ne me suis jamais vanté. C'était à l'ancien café de la Régence, sur la place du Palais-Royal. Là trônait l'auteur du *Chandelier*, passant du noble jeu des échecs au jeu plus bourgeois du domino à quatre; ses partenaires accoutumés étaient Eugène de Mirecourt, le capitaine d'Arpentigny et un nommé Saint-Martin. Alfred de Musset me regarda à peine lorsque mon nom lui fut prononcé et ne répondit point aux quelques paroles que je babutiai. Il est vrai que mon nom ne lui apprenait rien du tout et que ma timidité était bien faite pour augmenter la stupidité de mes paroles. C'était un homme d'une physionomie horriblement froide; rien ne lui était désagréable comme les compliments qu'on cherchait à lui adresser, même lorsqu'ils portaient comme les miens le caractère de la sincérité. Il n'aimait pas qu'on attentât à son repos sous quelque prétexte que ce fût, et il se serait enfui jusqu'au bout du monde pour éviter une nouvelle liaison. Je ne suis point d'ailleurs le seul de mes confrères à qui il ait réservé cet accueil glacial accompagné de froncements de sourcil et de sourds grognements. Aussi ne songeai-je point à forcer davantage l'intimité du grand poète.

Je me trouvais plus à l'aise dans un groupe constitué à quelques pas de là, à l'Estaminet de Valois, sous les arcades du Palais-Royal. Là se donnaient rendez-vous, à peu près tous les soirs, Hippolyte Castille, Georges Bell, l'aimable Verteuil, secrétaire du Théâtre-Français, l'ex-libraire Ladvocat, mis en scène par Balzac dans sa *Comédie humaine* sous le nom de Dauriat ; Ricourt, à qui l'on devait deux découvertes, celle de Rachel et celle de Ponsard ; Angelo de Sorr, un romancier farouche ; d'autres libraires encore, Furne, et le petit père Souverain, moitié éditeur, moitié escompteur ; Sartorius, que Xavier Aubryet appelait une *tragédie à pattes*, etc., etc. Gérard de Nerval faisait quelques rares apparitions à l'Estaminet de Valois ; c'était à l'époque des dernières crises qui amenèrent son atroce suicide dans la rue de la Vieille-Lanterne — sur l'emplacement de laquelle on a bâti la rue Adolphe Adam.

*
* *

Jacquot contribuait aux beaux jours de l'Estaminet de Valois, payant du champagne à tout venant, car il aimait à faire le généreux. Et Jacquot, dans ces moments, de chanter :

> Quand je bois du vin clairet,
> Tout tourne au cabaret!

Ce fut ce cabaret-là qui vit l'enfantement des funestes biographies. Il y avait toujours eu un pamphlétaire dans Eugène de Mirecourt, et l'on se souvenait d'une brochure intitulée : *Fabrique de romans, Maison Alexandre Dumas et compagnie*, morceau d'une rare violence, par lequel, dans sa jeunesse, il avait signalé ses premières impatiences et ses premières jalousies. Mais comme c'était un cas isolé, et qu'à cette époque il n'avait pas annoncé l'intention de donner suite à cet ordre de travaux, on lui avait non pas pardonné, mais on avait organisé le silence sur ce méfait littéraire.

Aujourd'hui, il recommençait avec des apparences plus innocentes, il est vrai. Cela s'appelait « les *Contemporains* » et cela devait comporter un nombre indéterminé de petits cahiers à cinquante centimes chaque, avec un autographe et un portrait de la victime. Le portrait était dessiné à la diable ; le texte, quoique Eugène de Mirecourt se crût né pour la critique aussi bien que pour le roman, ne reposait que sur un ramassis d'anecdotes ayant traîné dans tous les petits journaux. Cela reprenait, à plus d'un demi siècle de distance, avec moins de soin typographique, la spéculation des *Ana* de Cousin d'Avalon, et, avec un souci moins littéraire, la série des notices par un *Homme de rien,* lisez de Loménie.

N'importe, les *Contemporains* eurent du premier coup un grand succès, succès de librairie s'entend. Les premiers portraits consacrés à des célébrités incontestées, Balzac, Victor Hugo, Méry, furent marqués au coin d'une tenue parfaite. Mais vint un jour où Jacquot cessa de chanter pour mordre. Et il mordit ferme. Pourquoi ? Parce qu'il est dans la nature des Jacquot de mordre, parce qu'ils sont organisés pour cela. Eugène de Mirecourt ne trouvait pas sa place assez belle dans la société; il voulait une part d'influence plus large, et il se servit des *Contemporains* pour la conquérir. Ceux à qui son bec s'attaqua furent tour à tour Emile de Girardin, Jules Janin, George Sand, Gustave Planche, Lamennais, et d'autres que j'oublie. Brutalement ou perfidement, il s'introduisit dans leur vie privée, racontant les efforts de celui-ci à la recherche d'un nom, divulguant les amours de théâtre de celui-là, interprétant à sa manière les aventures romanesques de l'une, disant les mains noires du polygraphe, la soutane déchirée du prêtre, tout cela au nom d'une prétendue morale. Parmi les mordus, il y en eut qui ne répondirent que par le silence du mépris, mais il y en eut d'autres qui, se sentant eux aussi bec et ongles, ripostèrent à l'attaque. Emile de Girardin fut de ce nombre : il intenta à Jacquot un bon procès en diffamation et le tint pendant quelque temps sous les verrous; George Sand, avec une indignation toute virile, lui infligea publiquement démentis sur démentis.

Ce fut un *tolle* général; les procès abondèrent, les condamnations aussi. Si Eugène de

Mirecourt avait compté sur ce triomphe-là, il avait reçu au delà de ses espérances : son nom que les *Confessions de Marion Delorme* avaient à peine tiré de l'ombre, en dépit d'une préface de Méry (ce Méry avait la bonté infuse!) était devenu populaire du jour au lendemain. Popularité d'almanach. Faute d'autre, notre Jacquot dut s'en contenter. Aucun genre de succès ne lui manqua, excepté celui qu'il eût le plus ambitionné, c'est-à-dire l'estime des gens lettrés. On le traduisit en plein théâtre ; c'était lui faire beaucoup d'honneur : le Vaudeville représenta le *Pamphlétaire* ; le théâtre français le *Pamphlet*, un drame en trois actes par M. André Thomas, et une comédie en deux actes par M. Ernest Legouvé. A partir de ce moment, son orgueil ne connut plus de bornes ; il se prit au sérieux, et, comme on dit aujourd'hui, il pontifia. Personne cependant n'était moins propre que lui à la besogne qu'il avait choisie et qui exige un certain fonds de connaissances universelles. Entreprendre seul de raconter la vie d'une multitude d'hommes célèbres aux titres les plus différents, artistes, savants, guerriers, orateurs ;

faire succéder Ingres à Déjazet, Proudhon à Arnal, Guizot à Clémence Robert (?), Lamoricière à Berlioz ; imaginer une sarabande composée de Rosa Bonheur, de Duprez, de François Arago, d'Abd-el-Kader, de Pierre Dupont, et de cent autres, — et cela non point à la façon exacte, précise et modeste des dictionnaires biographiques qui s'interdisent toute opinion personnelle, mais, au contraire, avec la prétention de déterminer le jugement public, quel travail et quelle ambition !

A relire à distance ces petits cahiers jaunes, on ne saurait rien trouver de plus niais, de plus fourmillant d'erreurs. Prenant de toutes mains, il réédite les anecdotes les plus inconvenantes, se gardant bien de vérifier les dates et de citer les témoins. Il appelle familièrement les gens par leur prénoms, comme s'il avait gardé les troupeaux avec eux. De Mérimée, il dit Prosper, et d'Eugène Sue « ce cher Eugène ». Absolument dépourvu de sens poétique, c'est pitié de l'entendre discuter sur Théophile Gautier, en lequel il ne voit qu'un être bizarre aux long cheveux, et sur Alfred de Musset, son ancien partenaire au domino à quatre. Au premier, à Théophile, il reproche, en langage de magister rural, l'outrance de son matérialisme ; de l'autre, d'Alfred, il trace un ortrait qui n'a pu lui être communiqué que ar un fumiste quelconque ; l'auteur des *Nuits* est représenté, avec des traits inconnus jusu'alors, comme un habile faiseur de tours de artes et comme un équilibriste de première orce. Puis, après n'avoir rien laissé ignorer e ses habitudes bachiques, il termine en l'adurant de la sorte : « Alfred, tu n'as pas le roit de te griser ! Songe à ton âme immorelle, Alfred ! »

*
* *

Si répandus qu'ils fussent, les *Contempoains* ne représentèrent qu'une affaire désasreuse et succombèrent sous le nombre et le oids des amendes. L'éditeur Sartorius dut andonner à moitié chemin son auteur, en 'accusant d'avoir tout perdu et de lui devoir n argent considérable, tandis que celui-ci, de on côté, lui revendiquait des sommes fantasiques. Histoire de tous les associés malheureux ! D'autres libraires essayèrent plusieurs fois de continuer l'opération, mais jamais fructueusement. Le scandale était parti, emmenant le succès avec lui.

Pauvre Jacquot ! Harcelé par les hommes de loi, traqué, saisi, vendu, il lâcha pied et quitta la France. Un jour, à Londres, je le rencontrai au coin de Charing-Cross ; il me fit peine. I m'apprit qu'il occupait un petit logement dans Piccadilly avec sa femme et ses deux filles, et qu'il s'était mis à apprendre la gravure sur bois pour exister. Il était devenu presque intéressant, si l'intérêt est fait de misère et d'énergie.

Quelque temps après, il obtenait une place de précepteur dans une famille princière de Russie ; il semblait pouvoir y vivre à l'abri de la nécessité, mais l'ambition le travaillait toujours. A cette date environ se place une aventure qui a été racontée par Charles Bataille dans le *Cas de M. de Mirecourt*, une petite brochure peu commune à présent. Un jour, Charles Bataille, — qui était un excentrique autant qu'un littérateur de race, celui-là, — reçut cette lettre :

» ... J'ai trouvé un moyen de revenir aux portes de ma patrie. Écoutez-moi bien. Vous me croyez, n'est-ce pas, incapable de vous tromper? Eh bien ! trouvez vingt mille francs, dussiez-vous payer 30 0/0 d'intérêts, — et votre fortune est faite avec la mienne ; j'entends une véritable fortune : un *million* à nous deux, et cela avant une année révolue.

» Seulement, pas un mot, pas un souffle à âme qui vive !

» L'argent qu'il nous faut et que je vous dis de trouver, je l'aurais demain, tout de suite, chez le premier banquier venu, mais il faudrait lui dire mon secret et lui donner la moitié des bénéfices, ce que je ne veux pas. Comprenez-vous ? Cette moitié, je la donnerai à l'homme que la Providence me désigne, et cet homme est Charles Bataille.

» Au revoir, cher ami. — Activité, confiance et ferme espoir dans le succès. — Dieu le veut !

» Eugène de Mirecourt. »

De quoi s'agissait-il? Tout simplement d'un système qui devait faire sauter toutes les banques de jeux d'Allemagne. Charles Bataille, qui était le plus ingénu des hommes, comme la plupart des grands blagueurs, s'enthousiasma et sollicita d'entrer dans l'affaire en promettant d'amener un bailleur de fonds. Il le fit comme il le dit. Le capitaliste trouvé, et l'affaire entre trois mains, voilà notre trio qui se met en route et commence par Hombourg. Naturellement, Eugène de Mirecourt avait l'entière direction de la manœuvre. Les deux autres associés observaient et surveillaient. Dans les premiers jours, le système fonctionna à merveille et produisit d'heureux résultats ; mais bientôt la débâcle se déclara, et la campagne ne fut pas poussée plus loin que Hombourg. Les trois associés rentrèrent à Paris, n'ayant à se partager que de dures vérités.

Pauvre Jacquot ! Cette déception lui enleva sa dernière branche de salut.

Pauvre Jacquot !

Il vécut encore des secours que lui faisait passer la Société des gens de lettres. Puis on le retrouve à la solde de quelques libraires catholiques, rédigeant une *Histoire anecdotique de la Terreur* — toujours l'anecdote! — et un *Dictionnaire religieux*. Ces ouvrages, dont le dernier est inachevé, portent la rubrique : « Imprimé à Mirecourt (Vosges). » Ensuite je le perds tout à fait de vue. On veut que l'Église l'ait repris finalement dans son giron et l'ait envoyé au-delà des mers, où une légende plus ou moins apocryphe montre l'auteur des *Contemporains* dans ses dernières années, à Haïti, enseignant le catéchisme à de petits nègres.

Pauvre Jacquot!

UN DINER

CHEZ

Mme VEUVE CLICQUOT

Xavier Aubryet m'emmena passer plusieurs jours à la campagne de son père, à Pierry en Champagne. Le prétexte était une collaboration dramatique, qui, d'ailleurs, n'a que médiocrement abouti. Il nous fallait, pensions-nous, pour travailler en toute liberté d'esprit, un changement de milieu, une solitude agreste, jointe à un certain confort. Nous devions trouver tout cela à Pierry. En route donc ! Instruit de nos projets, M. Aubryet vint nous chercher avec sa voiture à la gare d'Epernay. On était en hiver, et le froid s'annonçait comme très rigoureux. La distance d'Epernay à Pierry, qui n'est que d'une lieue environ, fut rapidement enlevée au trot de deux vigoureux chevaux, par un pays de vignobles, sans attrait et sans horizon.

On s'arrête dans une rue de village devant une grande maison de bourgeoise apparence entourée de jardins. Comme je traversais une vaste cour, Xavier me dit :

— Tu es ici dans la maison de Cazotte.

— Qui ça, Cazotte? fis-je avec un soubresaut.

— Eh bien! Cazotte, parbleu! le visionnaire, le conteur fantastique, un de tes bonshommes du dix-huitième siècle...

— L'auteur du *Diable amoureux*?

— Précisément.

— Ah!

Ce ressouvenir au fond de la Champagne me rendit rêveur, mais ce ne fut que pour quelques instants. Nous traversâmes des appartements décorés avec goût ; Xavier ne m'avait pas surfait la maison paternelle. M. Aubryet avait appris la grande vie en Angleterre pendant plusieurs voyages; il lui en était resté quelque chose dans les habitudes et dans les manières : de plus, il se piquait de gastronomie. Il nous fit faire un dîner recherché, arrosé d'un champagne délicieux, — non mis dans le commerce, ajouta-t-il malicieusement. Il paraît que le *non mis dans le commerce* est le suprême éloge des Champenois. Comme c'est agréable pour les autres vins qui sont dans le commerce !

Après dîner, en passant au salon, M. Aubryet me fit remarquer une fort belle cheminée qui le décorait.

— C'est me dit-il, la cheminée où Cazotte aimait à se chauffer les soirs d'hiver comme celui-ci.

— Ah ! oui, parlons de Cazotte ! s'écria Xavier en riant.

— Eh ! pourquoi pas ? dis-je à mon tour, devenu attentif.

— C'est auprès de cette cheminée qu'il a passé les trente dernières années de sa vie ; c'est là qu'il espérait mourir. Le tribunal révolutionnaire en décida autrement. Il était maire de Pierry lorsque, après le 10 août, on vint l'arrêter, pour le conduire à Paris et de là à la prison de l'Abbaye.

— Je sais cette cruelle histoire, répondis-je ;

je sais qu'après avoir été mis en liberté par Maillard, grâce aux supplications de sa fille, qui avait obtenu de partager sa captivité, Cazotte avait été arrêté une seconde fois, et qu'épargné par des brigands, il avait été frappé par des juges.

— C'est vrai.

— Vous pourriez ajouter, dit Xavier, que les biens de Cazotte furent confisqués, que sa maison a passé aux mains de plusieurs propriétaires, et que rien, à l'heure qu'il est, ne rappelle ici le souvenir de l'auteur du *Diable amoureux*.

— Rien... excepté cette cheminée, reprit M. Aubryet.

C'était la seconde fois que cette cheminée revenait dans la conversation.

— Qu'a-t-elle donc de si particulier? demandai-je.

M. Aubryet prit un flambeau et me dit d'appliquer mon attention aux veines du marbre dont elle était formée.

Là, je vis quelque chose d'étrange et de vraiment fantastique, dans le sens artistique du mot. D'abord, c'était une espèce de fouillis, une confusion ; puis, en regardant de près, des formes s'accusaient, des lignes se dessinaient ; on finissait par distinguer tout un monde créé par une fantaisie prodigieuse. Les moindres caprices du marbre, ses taches, ses contours avaient été utilisés par un crayon plein d'imagination ; les moindres indications avaient été suivies, complétées, prolongées avec une merveilleuse habileté. C'était comme ce qu'on voit dans les nuages : des chevauchées infinies, des paysages féeriques, des plaines, vallées, des montagnes, des torrents ; et puis aussi des entrelacements de corps, des torses renversés, d'audacieux raccourcis, le vol d'une sorcière sur un manche à balai, des danses de nymphes achevées avec un trait ; et çà et là, faites de rien, des têtes d'anges, de diables, d'animaux ; un moyen âge entrevu, fourmillant de chevaliers casqués, de soldats bardés de fer, de pages, de châtelaines, toutes et tous se ruant à l'assaut d'un donjon perché dans les nuées comme par un autre Albert Durer. Voilà ce qu'un crayon hardi et saisi de vertige, — le crayon de Jacques Cazotte, — avait fixé sur toute cette cheminée qui semblait appartenir à un palais construit par des génies.

Je ne pouvais détacher mes yeux de cette page inouïe, dont rien jusqu'alors n'avait pu me fournir l'équivalent, ni les bacchanales effrénées de Raymond de Lafage, ni les batailles célestes de l'aqua-fortiste Méryon, ni les écrasements de Monticelli. J'avais toujours à y découvrir un motif inaperçu, soit un groupe humain, soit un bouquet de fleurs où venaient s'assortir d'elles-mêmes les nuances naturelles du marbre.

M. Aubryet fut obligé de m'adresser la parole :

Eh bien ! qu'en dites-vous ?

— Je dis que ce n'est pas une cheminée, c'est un album, l'album de Cazotte... un album unique, qui me livre en partie les secrets de son tempérament, ses rêves, ses délires.

— Eh bien ! qu'on la fasse graver, cette cheminée ! s'écria Xavier.

— Ne m'en mets pas au défi ! répliqua M. Aubryet.

*
* *

Les premiers jours de notre installation à Pierry furent marqués par une absence complète de collaboration. Cela a toujours été une chose digne d'étonnement, notre peu de hâte à cueillir les lauriers que Thalie semblait disposée à nous offrir. J'ai oublié de dire que le sujet qui avait tenté notre jeune verve était une étude en vers du caractère de Laurent, ce valet mystérieux de Tartufe, qui ne fait que passer à travers l'action sans ouvrir la bouche. Un problème surtout nous attirait : Laurent avait-il été la dupe de son maître?

La pièce n'était guère avancée. Au bout de trois jours, nous n'avions accouché que de ces quatre premiers vers, dont nous n'étions pas trop mécontents :

Laurent, serrez ma haine avec ma discipline,
Et priez que toujours le ciel vous illumine !
Si l'on vient pour me voir, je vais aux prisonniers
Des aumônes que j'ai partager les deniers.

Le lendemain, Xavier, toujours pétulant en diable, m'apportait un projet de dénouement. Selon lui, Laurent, désabusé sur le compte de Tartufe, entrait au service d'une comédienne, qui lui adressait ces vers en opposition à ceux du début :

Laurent, serrez mon rouge et ces pots de pommade...

J'ai oublié le reste.

Cela était joli sans doute, mais la pièce manquait de *ventre*, comme on dit en argot de théâtre.

— Nous travaillerons demain au *ventre*, disions-nous.

Et demain arrivait, nous apportant une distraction nouvelle. Tantôt c'était une battue au loup que les habitants de Pierry avaient organisée en notre honneur. On m'avait réservé un poste important : le fusil en main, bonnet fourré par-dessus les oreilles, bottes fourrées, je devais attendre le loup au passage. J'eus toutes les peines du monde à me soustraire à ces dangereuses fonctions.

Je m'excitais cependant de temps en temps au travail. Une fois, Xavier, entrant dans ma chambre, me surprit devant une large feuille de papier blanc, à demi-couverte d'écriture.

— Qu'est-ce que tu fais-là ? me dit-il.

— Je pioche, répondis-je en rougissant.

— Je le vois bien... mais ce n'est pas du dialogue...

— Non... je fais, pour me mettre en train, un compte rendu anticipé de *Laurent*.
— Tiens ! c'est ingénieux... voyons...
Et il lut ce qui suit :

« COMÉDIE-FRANÇAISE : Première représentation de *Laurent ou le Valet de Tartufe*, comédie en un acte et en vers, par MM. Xavier Aubryet et Charles Monselet.

» La première représentation de *Laurent*, si impatiemment attendue, a eu lieu hier, avec un succès qui tient de l'enthousiasme. Tout ce que Paris compte d'illustrations en tout genre et de femmes élégantes s'était donné rendez-vous dans la salle du Théâtre-Français. Le talent des deux auteurs, déjà si apprécié, ne s'était pas encore élevé à de pareils sommets ; leur poésie apporte une note vibrante et nouvelle qui les classe entre Victor Hugo et Alfred de Musset... »

— Pas mal ! dit Xavier en souriant avec indulgence.
Il continua à lire :
« Leur triomphe a atteint des proportions indescriptibles. Ils ont été rappelés à la chute

du rideau et couronnés de fleurs, au milieu d'un tonnerre d'applaudissements... »

— Oh! assez! assez! fit Xavier; tu vas trop loin!

— Crois-tu?... Cela m'encourage, cela m'é peronne...

Les journées s'écoulaient ainsi, lorsqu'u nouvel obstacle d'une nature imprévue vint s jeter encore au travers de notre collaboration MM. Aubryet père et fils reçurent de madam veuve Clicquot, la célèbre commerçante e vins de Champagne, une invitation à l'un de grands dîners annuels qu'elle donnait dan son château de Boursault. Inutile de dir combien ces dîners étaient recherchés pa toute la contrée. M. Aubryet père demand une invitation pour moi; elle lui fut immédi tement envoyée. A partir de ce moment, j n'eus plus qu'une seule préoccupation, et j comptai les heures qui me séparaient de cett excursion à Boursault, que je regardais comm un événement considérable dans mon exi tence gastronomique.

*
* *

Le château de Boursault, château moderne, construit dans le style Renaissance, très magnifique d'aspect, est situé sur une hauteur. A la nuit, et par la neige qu'il faisait, notre arrivée en voiture ne manqua pas de pittoresque. Tout était illuminé et décoré de ces plantes rares pour lesquelles il n'est jamais d'hiver. Au rez-de-chaussée, madame veuve Clicquot recevait les invités ; sa fille et le comte de Chevigné, son gendre, l'aidaient à faire les honneurs.

Le portrait de madame Clicquot : l'air chimérique et ratatiné d'une petite fée, vêtue de couleurs brunes, avec un trousseau de nombreuses clefs à la ceinture, — ce trousseau me frappa beaucoup ; à l'âge où elle était parvenue, soixante-quinze ans environ, il était difficile de deviner si elle avait été jolie. N'importe ; au point de vue de l'intelligence commerciale, tous ses contemporains affirmaient que cela avait été une *crâne femme*.

La fille tenait beaucoup de la mère. Je n'en dirai pas davantage. Quant au comte de Chevigné, c'était le type du *beau* par excellence ; il avait cette beauté officielle de l'homme du monde, l'embonpoint du bonheur, un teint reposé et fleuri, la bouche souriante et ferme, la barbe en collier. Sa fortune lui avait permis de sacrifier aux muses dans les meilleures conditions ; il avait publié un volume de *Contes rémois* qu'il avait fait illustrer par Meissonnier : trente-quatre vignettes, payées sur le pied de mille francs chaque. On s'est beaucoup extasié dans le temps sur ce prix, qui n'a cependant rien d'exagéré si l'on considère le fini et l'exquis de ces adorables petites compositions. Elles n'ont pas de peine à affirmer leur supériorité sur les *Contes* du poète-gentilhomme, qui ne sont pour la plupart que des imitations ; pas un récit qui n'ait son origine dans un siècle ou dans un autre, en France ou en Italie. La part de l'imagination écartée, il serait injuste de refuser à M. de Chevigné une agréable facilité et un tour vraiment français.

Ces antécédents littéraires avaient commencé à me prévenir en sa faveur ; le dîner acheva de me conquérir tout à fait. — Ah ! ce dîner ! j'en ai gardé un souvenir impérissable ! — On était vingt, pas plus, autour de la table, mais tous choisis parmi les fins connaisseurs et les propriétaires du pays. C'est dire que ce qui fut versé là n'est comparable à rien. En cette soirée enchantée, mes sens éblouis s'assimilèrent des philtres tels que je n'en ai plus connu depuis. Plus tard, j'ai chanté tous les vins et trouvé des strophes comme celles-ci :

> A des gentilhommes semblables
> Et non moins armoriés qu'eux,
> Les grands vins aux airs agréables
> Echangent des saluts pompeux,
>
> Voici monsieur de Léoville
> Qui s'avance en habit brodé,
> Et qui, d'une façon civile,
> Par Meursault se voit abordé.....
>
> Le jeune et rougissant Larose,
> Ayant quitté pour un instant
> Le bras de son tuteur Montrose,
> Jette un regard inquiétant,
>
> Et cherche, vierge enfrissonnée,
> Rouge comme un coquelicot,
> Mademoiselle Romanée
> Auprès de la veuve Clicquot...

Mais, à Boursault, ce n'était pas le cas de fusionner. Par un despotisme très concevable, madame Clicquot n'admettait que *ses* champagnes à sa table. « Moi seule, et c'est assez ! » disait Médée. « L'État, c'est moi ! » disait Louis XIV. Et madame Clicquot disait à son tour. Le vin, c'est moi ! Il n'y avait pas une goutte de vin rouge sur la nappe. C'était à prendre ou à laisser ; et comme c'était à prendre ! Dire que j'avais cru connaître le vin de Champagne jusqu'à présent ! Je fus bien délicieusement détrompé, ce jour-là.

Je ne dirai pas les années qu'on servît ; ce n'est pas de l'ingratitude, c'est de l'oubli ; mais, à coup sûr, chacune de ces années-là avait dû être signalée par une double comète. On les nommait autour de moi, on les reconnaissait, ce qui n'avait rien d'étonnant, tous ces fins gosiers étant de la partie. Moi, j'étais confus de mon ignorance, et je songeais combien l'instruction est négligée en France. Mais je n'en jouissais pas moins intérieurement : je pus me croire pendant quelques instants une de ces têtes couronnées dont madame Clicquot était la fournisseuse exclusive, un de ces grands de la terre, prince, césarowitch, archiduc, cardinal romain, nabab, lord-maire, etc., qui ont fait vœu de ne jamais boire d'autre champagne que celui de *la veuve*, comme on appelait familièrement cette vénérable et illustrissime dame dans l'univers entier. Je partageai du moins, ce soir-là, leurs jouissances privilégiées ; j'étais leur égal par l'estomac.

— Tu fais ton Orloff ! me disait Xavier à voix basse.

Eh oui ! je faisais mon Orloff ! et mon Souwarow ! et mon Alexandre ! et mon Grimod de la Reynière ! et mon Brillat-Savarin ! Je savourais le vin le plus décoratif qui soit au monde : j'étais décoratif moi-même, j'avais vingt-cinq ans, une santé de fer, une gaîté d'or... — Heureux temps !

Dieu ! le spectre de Xavier Aubryet qui se balance et se débat au-dessus de ma tête !

LE GENDRE DE M. POIRIER

Voici ce que j'ai vu l'autre semaine. C'était à la hauteur du boulevard Pigalle. Une grande voiture verte, dite de *saltimbanque*, avec galerie extérieure, sur laquelle s'évertuaient un orgue et une grosse caisse. La voiture était tapissée de plusieurs tableaux grossièrement enluminés, représentant : celui-ci, un sorcier en robe noire devant une table couverte de gobelets et d'instruments de physique ; celui-là, une forêt peuplée de serpents multicolores ; cet autre, un nain et une naine, etc., etc.

Au bas d'un escalier montant à la voiture, une affiche écrite à la main énumérait les séductions suivantes :

THÉATRES DES PRESTIGES

Grande Séance de Magie blanche

Par le signor Alberti, de Molèna

La Poste mystérieuse. — Les Anneaux enchantés. — Le Pigeon révélateur. — Femmes et Fleurs. — Le Téléphone. — Un Mouchoir en combustion. — Amusements de l'autre monde. — L'irrigateur surnaturel, etc., etc.

Exhibition de plusieurs Monstres de l'Afrique centrale

Rapportés par le célèbre voyageur M. de Lesseps

Mazurka dansée par les deux nains d'Écosse, le prince et la princesse Kalibistri

Le Spectacle sera terminé par

LE GENDRE DE M. POIRIER

La Pièce à la mode dans les Théâtres de Paris

Arrangée par M. Jules

Madame Sara Bénar remplira le principal rôle

PERSONNAGES	ACTEURS
M. Poirier, marchand retiré,	Jules.
Le marquis, noble dans la panne,	Fernand.
Jus-de-Pipe, zouave,	Rambuisson.
Antoinette, femme du marquis,	Mme Sara Bénard.
La bonne,	Pépita.

Costumes modernes.

*
* *

Et je ne serais pas monté dans cette voiture verte ! — Il aurait fallu que je n'eusse pas les dix centimes réclamés par l'*aboyeur*. — Voir un chef-d'œuvre du théâtre contemporain arrangé *par M. Jules* ; l'occasion était unique ! Une chose me plaisait moins : c'était la tentative de spéculation hypocrite essayée à l'aide du nom travesti de Sarah Bernhardt ; mais les saltimbanques ne sont pas parfaits.

Je pris donc place parmi les spectateurs du *Théâtre des Prestiges*. Ce ne fut pas sans impatience que je supportai les expériences du *signor* Alberti et les exercices chorégraphiques des deux nains. Enfin, une ouverture exécutée par l'orgue, qui de l'extérieur avait été transporté à l'intérieur, annonça qu'on allait commencer le *Gendre de M. Poirier*, — et voici ce que j'*orai*, comme dit Léon Cladel.

Scène Première

JUS-DE-PIPE, *seul, en uniforme de zouave, entrant et parlant à la cantonade.* — Merci, la bonne... j'attendrai que ce cher Gaston soit rentré... Il a sa clef, n'est-ce pas ?... Très chouette, la bonne !... Ah ! çà, qu'est-ce que je pourrais bien faire en attendant Gaston ? (*Il tire sa pipe*). Si j'en négociais une ?... Ah ! je l'entends !

Scène II

JUS-DE-PIPE, LE MARQUIS

LE MARQUIS. — Pas possible ! Toi, ma vieille ?

JUS-DE-PIPE. — Soi-même.

LE MARQUIS. — Eh bien ! et le régiment ?

JUS-DE-PIPE. — Il m'a lâché. Et toi, qu'est-ce que j'ai appris chez le troquet du coin ? Tu es marié ?

LE MARQUIS. — Ça ne se voit pas quand je marche vite.

JUS-DE-PIPE. — Conte-moi donc ça.

LE MARQUIS. — Tu sais que le travail et moi nous sommes brouillés de naissance. J'aime pas rappliquer au turbin.

JUS-DE-PIPE. — Je comprends ça.

LE MARQUIS. — Mais comme je tiens à boulotter tous les jours, je me suis dit : « Gaston, mon bonhomme, il faut te caser. Il est temps d'utiliser les avantages que tu as reçus de la nature. »

JUS-DE-PIPE. — Ça, c'est pas pour dire, tu as toujours été le plus distingué de nous tous.

LE MARQUIS. — Est-ce pas ?

JUS-DE-PIPE. — Pour sûr. Tu nous fais honneur. On n'a pas toujours un marquis dans la bande... car tu es marquis ?

LE MARQUIS. — Comme du chien... à preuve que j'ai été tué à la bataille de Fontenoy.

JUS-DE-PIPE. — Veinard !

LE MARQUIS. — Et puis, on a de l'éducation, on sait jacter avec les femmes. Cela m'a permis de taper dans les bourgeois et de lever une petite dinde qui avait du carme.

JUS-DE-PIPE. — Tu es rien mariolle !

LE MARQUIS. — Que veux-tu, mon vieux Jus-de-Pipe ? Elle m'avait dans la trompette, cette gosse ! Qu'est-ce que tu aurais fait à ma place ?

JUS-DE-PIPE. — Moi, j'aurais épousé toute la smala !

LE MARQUIS. — Je ne pouvais pas ; elle n'a qu'un père... Est-ce que tu ne l'as pas rencontré dans l'escalier, ce vieux pot à tabac ?

JUS-DE-PIPE. — Non. Qu'est-ce qu'il vend ?

LE MARQUIS. — Il ne vend plus ; c'est un ancien filou retiré des affaires.

JUS-DE-PIPE. — Feignant, va !

LE MARQUIS. — Entre nous, il commence à m'avoir dans le nez.

JUS-DE-PIPE. — Bah ! qu'est-ce que ça fait, pourvu qu'il danse ?

LE MARQUIS. — C'est qu'il ne danse plus avec la même grâce.

JUS-DE-PIPE. — Diable ! Mais la môme te gobe toujours ?

LE MARQUIS. — N'y a pas excès.

JUS-DE-PIPE. — Faut pas perdre ça, Gaston ! Les temps sont durs, les compagnies financières n'offrent aucune sécurité.

LE MARQUIS. — Je te la ferai connaître, ainsi que sa vieille potence de père... Nous dînerons ensemble... j'ai le droit d'amener un invité... Aimes-tu le lapin aux truffes ?

JUS-DE-PIPE. — J'aime mieux du veau.

LE MARQUIS. Il y aura du veau aussi.

JUS-DE-PIPE. — En attendant, si tu payais un zinc ?

LE MARQUIS. — J'allais te le proposer.

JUS-DE-PIPE. — Alors, en avant, arrrch ! *(Ils sortent ensemble, en culbutant M. Poirier qui entre au même instant).*

LE MARQUIS. — Gare là-dessous !

Scène III

M. POIRIER, *seul, se frottant l'épaule.* — C'est mon gendre. Il est avec un soldat... bien certainement ils vont se paffer tous les deux... dire que ce pierrot-là descend des croisades !

Scène IV

M. POIRIER, ANTOINETTE. *(Entrant, une paire de chaussures à la main.)*

ANTOINETTE. — Bonjour, p'pa.

M. POIRIER. — Ma fille ! *(A part).* Interrogeons-la avec astuce. *(Haut).* Toinette ! ma petite Toinette !

ANTOINETTE. — P'pa ! mon petit p'pa !

M. POIRIER. — Dis-moi franchement, fruit de mes entrailles : es-tu heureuse avec ton marquis ?

ANTOINETTE, *minaudant*. — Comment l'entendez-vous, mon père ?

M. POIRIER. — Fleur de pudeur ! *(L'embrassant sur le front).* Je veux dire : Te fait-il une existence pommadée ?

ANTOINETTE. — Lui, mon père ?

M. POIRIER. — Oui, lui.

ANTOINETTE. — C'est un rossard, et pas autre chose.

M. POIRIER. — Qu'entends-je ? mon étonnement est égal à ma surprise. N'aurait-il pas pour toi tous les égards que tu mérites, fillette ?

ANTOINETTE. — Des égards ? Il me fait cirer ses bottines. Voyez plutôt p'pa... je suis devenue très forte. *(Elle lui fourre les bottines sous le nez.)*

M. POIRIER. — Je tombe de mon haut ! Mais quels sont alors tes plaisirs ?

ANTOINETTE. — Ah ! oui, parlons-en. Il rentre tous les soirs avec sa cuite, et lorsque je veux lui faire des observations, il m'envoie à l'ours.

M. POIRIER. — A l'ours, ma fille ? J'en suis bleu, complètement bleu. Ma Toinette, à l'ours ! cela ne peut pas se passer ainsi ; il faut que je lui parle de la bonne encre à ce marquis de malheur. Faire cirer ses bottes par mon enfant adorée ! En vérité, nous traversons une époque de dissolution... tout croule autour de nous... justement, je l'entends.

ANTOINETTE. — Je me la casse ! *(Elle sort)*.

M. POIRIER. — A nous deux, mon gendre !

Scène V

M. POIRIER, LE MARQUIS. (*Il est un peu poivre.*)

LE MARQUIS, *entrant en chantant l'hymne de Gamahut.* — Nous irons écouter la *Chanson des Blés d'or*...

M. POIRIER, à *part*. — Oui, oui, chante, mon bonhomme. *(Haut.)* Monsieur le Marquis !

LE MARQUIS. — Tiens, papa beau-père !

M. POIRIER. — Pouvez-vous m'accorder la faveur d'un moment d'entretien ?

LE MARQUIS. — Comme ça se trouve ! J'ai à vous causer, moi aussi.

m. poirier. — Alors, à vous de commencer, monsieur le Marquis.

le marquis. — Non pas ! poussez votre pion le premier, bon vieillard.

m. poirier. — Je n'en ferai rien.

le marquis. — Si c'est comme cela, je m'exécute pour vous faire plaisir. Apprenez, papa beau-père, que j'ai invité à dîner un de mes amis d'enfance, un colonel de zouaves, cassé à la tête de son régiment ; il revient aujourd'hui de la guerre, le front ceint de lauriers, et je serais désireux de lui offrir un fricot éminent.

m. poirier. — Pensée digne de vous, monsieur le Marquis.

le marquis. — N'est-ce pas, beau-père ? J'étais bien sûr que vous me comprendriez... Qu'avons-nous à nous plaquer sous la gencive, ce soir ?

m. poirier. — D'abord, la soupe aux choux et le morceau de salé.

le marquis. — Comme entrée ?

m. poirier. — Comme entrée, soit. Et comme sortie, un joli merlan au gratin.

le marquis. — Je ne suis pas hostile au

merlan. Un merlan bien placé à son prix. Ensuite ?

M. POIRIER — Ensuite... l'aimable camenbert final, le bouquet des festins.

LE MARQUIS. — Comment ! c'est tout, papa beau-père ?

M. POIRIER. — N'est-ce donc pas assez monsieur le Marquis ?

LE MARQUIS. — Quoi ! pas de gibier ? pas de légumes ? pas d'entremets ?

M. POIRIER, *négligemment*. — J'ai entendu parler à la cuisine d'un restant de pruneaux.

LE MARQUIS. — Ventre-saint-Gris ! vous gausseriez-vous de moi, par hasard, monsieur Poirier ?

M. POIRIER. — Je n'oserais, monsieur le Marquis.

LE MARQUIS. — Vous avez le toupet d'appeler cela un dîner ?

M. POIRIER. — Si notre modeste ordinaire ne convient pas à monsieur le Marquis...

LE MARQUIS. — Je crois bien qu'il ne me convient pas, par la sambleu !

M. POIRIER. — ... Il y a tout près d'ici un

petit restaurant où l'on est très bien à raison de 1 fr. 20 par tête.

LE MARQUIS. — Corne de Cerf! qu'est-ce que cela veut dire?

M. POIRIER. — Cela veut dire, monsieur le Marquis, que je ne coupe plus dans le pont.

LE MARQUIS. — O mes ancêtres! que diriez vous de me voir ainsi mécanisé par un ex-fabricant de poudre insecticide!

M. POIRIER. — Croyez-vous donc que je me serai esquinté toute ma vie pour vous rincer le cornet?

LE MARQUIS. — Ah! comme je t'aurais embroché si je t'avais rencontré à Crécy ou à Azincourt!

M. POIRIER. — Voyez-vous ce beau coco? Parce qu'il est marquis, faut-il pas lui coller une étiquette comme au vieux bordeaux!

LE MARQUIS. — Je vas te coller autre chose, espèce d'ovipare?

M. POIRIER. — Viens-y donc, sagouin!

LE MARQUIS. — Attrape ça, vieux madrépore! (*Ils se prennent aux cheveux.*)

Scène VI

ANTOINETTE, *accourant; elle tient une grande lettre à la main.* — Arrêtez!... Cessez de vous entr'égorger, hommes barbares!... Voici la lettre que je reçois du ministère de la justice. Lisez!

LE MARQUIS. — Une lettre à ma femme... cela me regarde!

M. POIRIER. — Veux-tu bien me donner cette lettre, galoupiau!

ANTOINETTE. — Je vais vous mettre d'accord en vous la lisant.

« Madame,

» J'ai l'honneur de vous annoncer que, sur votre demande, le tribunal compétent a déclaré votre mariage rompu avec le citoyen marquis Gaston de Presles, dit *Décati*, dit *Bille-en-Tête*, etc., etc.

» Recevez, madame, toutes les civilités du gouvernement. »

LE MARQUIS, *stupéfait.* — Divorcé!

M. POIRIER. — Divorcé! Bravo, la justice!

ANTOINETTE, *tombant à genoux et joignant les mains*. — Merci, mon Dieu !

(*Le Marquis reste confondu. Dans le fond on voit Jus-de-Pipe qui arrive pour dîner. Tableau. L'orgue joue la Marseillaise.*)

TIMOTHÉE TRIMM

Ce Timothée Trimm est un des hommes de notre temps qui ont bu le plus immodérément à la coupe de la popularité. Il n'a pas été célèbre, il a été fameux, — mais il l'a été autant que qui ce soit au monde, fameux autant que Robinson Crusoé, autant que Polichinelle, autant que Marlborough, autant que Voltaire, autant que Mayeux, autant que Tropmann. Il a eu son heure d'éclat et de bruit, qui a duré huit ou dix ans. C'était hier, c'était avant-hier, c'est-à-dire avant la guerre, dans Paris, alors que Paris était amusant au possible et rempli de gens qu'on montrait du doigt. Ces gens-là se font plus rares de jour en jour. C'est grand dommage.

Il y en avait alors à chaque pas, dans la rue, sur les boulevards. Il y avait l'Arménien de la

Bibliothèque et le Persan de l'Opéra. Il y avait Mangin dominant la foule du haut de son char et plongeant ses mains dans une cuvette toute pleine de pièces d'or. Il y avait Théophile Gautier, chevelu comme un roi de la première race. Il y avait enfin Timothée Trimm en cravate de foulard rouge, au gilet enguirlandé de chaînes d'or; Timothée Trimm, les cheveux ébouriffés, court, trapu, les jambes d'un basset dissimulées dans un vaste pantalon à la houzarde, vêtu d'un paletot-sac, chaussé de bottes pointues accusant la prétention au petit pied ; avec quelque chose dans la physionomie d'un Balzac inférieur; en résumé, l'élégance d'un marchand de contremarques. Marchant mal et criblé de dettes, il se servait presque toujours de voitures, autant pour dissimuler l'incorrection de son allure que pour éviter des rencontres de créanciers. Cigare au vent, il jetait des regards de complaisance sur le peuple, dont il ambitionnait les suffrages par-dessus tous les autres, et dont il devait devenir l'idole un beau matin.

*
* *

Timothée Trimm n'a pas été fameux du premier coup ; il a même pris par le chemin le plus long et le plus difficile. Né dans le Nord, il s'engagea comme militaire à l'âge de dix-sept ans. Rien d'extraordinaire ne signala sa jeunesse ; les dictionnaires biographiques qui se sont occupés de lui veulent qu'il se soit fait remarquer au régiment comme poète ; cela peut surprendre en raison de la nullité de ses études, mais il nous l'affirme lui-même dans un de ses articles.

« Alors que j'avais l'honneur d'être caporal de voltigeurs dans un régiment de ligne, — dit-il, — je commandais un jour un peloton de cent hommes devant l'inspecteur général. La vue du vieux chef de division qui m'observait avait animé mon zèle et électrisé les soldats ; ces cent fusils aux baïonnettes éblouissantes étincelaient comme autant d'éclairs...

» Le général hocha la tête en signe de satisfaction.

» — Très bien ! dit-il, très bien !

» Puis, se tournant vers le colonel :

» — Ce caporal a de la méthode, de la voix, du feu, et il paraît connaître sa théorie.

» — C'est vrai, répondit le colonel, mais il a une infirmité.

» — Ah bah !... il se grise ?

» — Non, mon général.

» — Il court... les rues ?

» — Mieux que cela ?

» — Quoi donc ?

» — Il fait des vers.

» Le général poussa un éclat de rire et quitta mon peloton avec un air de profonde commisération. »

C'est égal, on ne voit pas beaucoup Timothée Trimm en poète. J'imagine que son butin lyrique devait se borner à quelques chansons de caserne dont il a fait plus tard bon marché. A cette époque, il ne s'appelait ni Timothée ni Trimm, mais Napoléon Lespès ; — Napoléon ! un prénom qu'il eût choisi lui-même, — et rien en dehors de ses chansons ne faisait présager en lui un homme de lettres. Cependant, lors de sa libération du service, Napoléon Lespès s'obstina à gagner sa vie avec sa plume, ce à quoi il finit par réussir tant bien que mal ; mais au prix de combien d'efforts !

D'abord, il écrivit une assez grande quantité

de nouvelles et de romans, qui durent principalement leur succès aux titres frénétiques dont il les avait affublés. *Les Yeux verts de la Morgue* sont restés le prototype de ce genre de littérature qui eut par la suite beaucoup d'imitateurs. Comment ne pas attirer l'attention avec de pareils procédés? Ce fut vers ce temps-là qu'il signa du pseudonyme étrange et énigmatique de *Commandeur Léo Lespès*. Commandeur de quoi? de quel ordre? Commandeur de Malte? de Jérusalem? de Calatrava, — ou tout simplement de la Légion d'honneur? Il ne s'est jamais expliqué là-dessus. Sous cette appellation fantastique il se créa une première réputation. Malgré l'exagération, on put croire un instant qu'un nouveau romancier nous était né. Il y avait dans ses premiers écrits une certaine verdeur, une sève particulière. Sous cette impression favorable la direction du *Siècle* le chargea de terminer un roman posthume de Frédéric Soulié : le *Veau d'or*. Comment de si belles espérances avortèrent-elles ?

*
* *

J'ai dit qu'il écrivait surtout pour le peuple ; il préférait être lu par un concierge plutôt que par un membre de l'Institut. Et comme il vivait à une époque où tout homme, dès qu'il sentait frétiller cinquante francs dans sa poche, s'amusait à fonder un journal, le nombre des journaux fondés par Léo Lespès est incroyable. Il en fonda pour tous les âges, pour les enfants et pour les vieillards : il en fonda pour tous les corps d'état, pour les marchands de vin, pour les coiffeurs, pour les modistes, pour les cordonniers, pour les bijoutiers, pour les tailleurs. Il s'attacha particulièrement à fonder des journaux à primes, comme c'était la mode. Dès lors, il inventa les primes les plus extraordinaires ; en même temps qu'un journal, on le vit donner au public un parapluie ou un melon, une paire de pantoufles ou de bretelles, une stalle de théâtre ou de concert, un cachet de restaurant ou de bain d'eau de rivière. De ces spéculations quelques-unes réussirent et lui valurent un grand renom de faiseur. Il sut un des premiers marier l'industrie avec la littérature ; si bien qu'au bout de plusieurs années de ce métier-là, il se trouva mûr pour l'emploi de chroniqueur du peuple, d'éducateur et d'amuseur des masses.

Sur ces entrefaites il fut appelé au *Petit Journal* pour y écrire un article par jour.

Un article par jour ! Dans l'origine cela parut insensé, énorme, monstrueux. On n'avait jamais assisté à un tel tour de force. Pour ce métier nouveau il lui fut nécessaire d'adopter un nom nouveau : le Commandeur Léo Lespès disparut et fit place à Timothée Trimm. Timothée emprunté au Nouveau Testament; Trimm composé avec le caporal Trimm de Sterne ! Timothée Trimm, juste ce qu'il faut de fantaisie pour le peuple ! Et pendant quelques années le peuple ne jura que par Timothée Trimm ; ce fut un engouement, un fanatisme ; on s'empressa sur les pas de Timothée Trimm, autant pour le voir que pour le lire, car ainsi que je l'ai dit, à tous ses mérites il joignait le physique et le costume d'un Fontanarose. — Un article par jour ? cela supposait pour le peuple un phénomène d'imagination, un puits de science, un colosse d'esprit, un foudre d'éloquence. Un article par jour ! cela résumait aux yeux éblouis des fruitiers et des cochers de fiacre Homère, Chateaubriand et Eugène de Pradel. Aussi la renommée de Timothée Trimm ne connut-elle plus de bornes; il n'y a pas eu d'acteur plus applaudi dans un théâtre, de gymnaste plus acclamé dans un cirque. C'était bien là l'idée que le peuple se faisait d'un homme de lettres, chez qui il aime à retrouver quelque chose de l'écrivain public. Et puis, pour tout dire, Timothée Trimm avait eu une trouvaille de génie : il avait inventé une langue particulière composée de petits alinéas, qu'il avait empruntés à Emile de Girardin, puis, qu'il s'était ensuite appropriés, et qu'il avait perfectionnés. Et ce style propre à tout rendre, effroyablement clair, il le débitait en menues tranches, à la façon de l'ancien marchand de galette du Gymnase.

Quant à la manière de penser, il avait choisi, sans grand tâtonnements, celle de M. Prudhomme, qui de bonne heure lui avait paru la meilleure, la seule, l'éternelle. Sur la vertu, sur l'amour, sur la littérature il pensait comme M. Prudhomme. Et comme il ne pouvait pas toujours vivre de l'actualité, lorsque l'événement du jour, cette marée du journalisme, venait à manquer, il inventait pour le remplacer quelque court récit, quelque brève étude de mœurs où l'ingéniosité était surtout visée. Son idéal aurait été le *Mouchoir bleu*, cette anecdote tant surfaite. On a souvenance des *Confessions d'une épingle*, de la *Guerre des mansardes*, du *Voyage dans une boîte à cigare*, des *Aventures de deux gants blancs*, de l'*Histoire de douze bougies*, de *Ma Voisine la Sensitive*, et d'une foule d'autres bluettes qui eurent des succès de vingt-quatre heures. Si l'on désirait en connaître un échantillon, je pourrais prendre dans le tas *le Baiser au régiment*. Timothée Trimm y est tout entier avec ses caprices de typographie et de ponctuation.

Voici la chose, que j'abrège un peu :

« LE BAISER AU RÉGIMENT... QUI PASSE !

« Mon Dieu !... Je ne suis pas obligé de vous raconter tous les matins de gros faits-Paris,

» De substantiels incidents ;

» Je suis essentiellement libre d'allures ;

» Indépendant dans le choix de mes sujets ;

» Et je puis traiter une babiole... si j'y trouve un grain d'intérêt, de finesse et de sentiment ;

» Donc, voici, sans plus de préambule, ma babiole de ce jour,

» Simple comme un conte allemand,

» Sentimentale comme un roman anglais,

» Touchante comme un récit de France,

» L'autre jour, dans un quartier de Paris, un régiment passait,

» Musique en tête,

» Tambours battant,

» Etendard déployé...

» Ce régiment, venant de son quartier, — allait à la revue...

» Dans toute la splendeur de l'élégance militaire.

» Comme il traversait une petite rue voisine de son casernement,

» Une humble croisée s'ouvrit,

» La croisée d'une maison très modeste de l'ancien Paris ;

» Et une femme apparut au balcon,

» Elle était jeune et jolie,

» Blonde et rosée,

» Et elle tenait à côté d'elle une petite fille... pâle et mignonne... qui voulait *voir les soldats.* »

Or, voici ce qu'il advint :

« Quand le régiment passa, elle ne fit ni une ni deux, la femme blonde... elle lui envoya un baiser.

» Cet aérolithe d'un nouveau genre tomba sur la cohorte en marche,

» Et il y eut un grand embarras pour savoir à qui il était destiné.

» Le colonel, tout chamarré de croix noblement gagnées au champ d'honneur, pouvait le prendre pour un hommage rendu à la valeur militaire ;

» Le tambour-major, haut de huit pieds, y compris son plumet, se disait qu'il revenait au plus bel homme du régiment ;

» Le porte-drapeau croyait que le baiser était envoyé à la soie glorieusement trouée par la mitraille, dont il avait le dépôt précieux...

» Il y eut cinq minutes d'émotion.

» A qui était destiné le baiser ?...

» Il n'était ni pour le plus titré, — ni pour le plus grand par la taille, — ni pour le plus beau, — ni pour le plus jeune...

» Il était pour un noble vieillard à cheveux blancs

» Le vénérable chirurgien-major du régiment, qui marchait en serre-file, à quelques pas du colonel.

» Qu'avait fait le chirurgien-major pour attirer l'attention de la blonde femme du balcon ?

» L'enfant de la pauvre Parisienne avait été en danger de mort...

» Et le docteur militaire avait gratuitement, en bon voisin, en philanthrophe, en médecin expérimenté,

» Tout bonnement sauvé l'enfant...

» Ce baiser filial, donné aux yeux de tous, était le seul paiement de ses honoraires ;

» C'était une mère qui disait une fois encore : MERCI ! »

*
* *

Comme je l'ai dit, j'ai taillé dans ce récit, mais il en reste assez pour donner une idée de cette littérature qui ressemble à une viande dont on aurait mâché les morceaux. Ce n'est qu'à la surface que l'œuvre de Timothée Trimm paraît si abondante ; des éditeurs ont pu la faire tenir dans quelques volumes seulement, dont voici les titres: *Paris dans un fauteuil, Avant de souffler sa bougie, Spectacles vus de ma fenêtre, Promenades dans Paris,* les *Matinées de Timothée Trimm.*, etc., etc. De tout cela, quelques pages seulement tiendront dans le creux de la main de la postérité. Il y a longtemps qu'on s'est ravisé sur le prétendu tour de force d'un article par jour, et qu'on s'est aperçu qu'un littérateur à la tâche n'est souvent pas plus extraordinaire qu'un négociant à son courrier. Du moment que le public a fait cette découverte, le prestige de Timothée Trimm s'est écroulé tout à coup. Au fond, il ne subsistera de lui que la personnalité, une personnalité curieuse, originale et quelquefois amusante, bien qu'elle sente son vieux jeu.

Je l'ai beaucoup connu, et il s'en est fallu de peu que je n'aie été son ami. Mais qui est-ce qui peut dire avoir été l'ami de Lespès? Son camarade tout au plus. De pareils individus se connaissent trop eux-mêmes pour n'être pas égoïstes. Je crois encore le voir entrer bruyamment chez le restaurateur Péters, à l'heure du déjeuner, s'installer seul à une table, et crier de sa voix aiguë :

— Servez-moi vite, Péters, bien vite!... Vous savez que je suis très exigeant et que je paie très mal!

Toute une profession de foi! Le fait est qu'il n'y avait rien de trop bon ni de trop beau pour lui. Il avait l'instinct de la grande vie, gâté par une pose de mauvais goût. Mettant cinq louis à son repas, toujours solitaire.

S'enorgueillissant d'avoir fait hausser les prix du journalisme. D'ailleurs, sans ambition, comme sans envie, ayant cette qualité rare d'admirer le talent partout où il le trouvait, et de lui-même, chose plus rare encore, ayant la notion exacte de ce qu'il valait. Une connaissance médiocre de l'art et des arts, mais une inclination sincère pour la musique d'opéra. Il se logeait de-ci, de-là, s'accommodant tantôt d'un mauvais cabinet tendu en perse, tantôt d'une mansarde élémentaire. Les meubles, quelquefois magnifiques, étaient, pour la plupart, des cadeaux envoyés par les marchands. — A un entresol du quai Voltaire, où il a habité, lorsque, du *Petit Journal*, il avait émigré au *Petit Moniteur*, je le voyais les pieds sur un tableau d'Auguste de Chatillon, qui figura longtemps chez Victor Hugo, rue de la Tour-d'Auvergne. Très connu des romantiques, ce tableau, qui ornait le plafond du cabinet de travail du grand homme, représentait un moine, tout de rouge vêtu, assis par terre et lisant dans une grande Bible posée sur la hanche d'une femme entièrement nue. Comment ce tableau avait-il passé les ponts, et de plafond qu'il était chez Victor Hugo était-il devenu tapis chez Léo Lespès? Je l'interrogeai inutilement.

Sa fin fut mélancolique. Les propriétaires de journaux tirèrent de lui tout ce qu'ils purent. Un directeur de théâtre lui commanda une pièce qui s'appela, je crois, *les Noces de Camaïeu*. Même un Barnum de Province entreprit de le montrer en public, en compagnie de la sœur d'Adelina Patti. Mais ses conférences ne furent pas fructueuses. La maladie se montra, et derrière elle la maison de santé Dubois. Il laissa une fille. On l'avait nommé chevalier des Saints Maurice et Lazare.

MARGARITA COGNI

I

Vers les premières années de la Restauration, un Anglais, jeune, riche, élégant, membre de la Chambre des Pairs, fuyait son propre pays, après y avoir éprouvé mille désagréments d'amour et d'amour-propre. — J'ai nommé lord Byron.

Il parcourait l'Europe sans se fixer jamais en aucun lieu, tantôt à Genève, suivi de l'autre côté du lac par les lorgnettes de ses compatriotes, raillé sévèrement par madame de Staël (oh! baronne!); — tantôt en Italie, à Ravenne, où il enlevait publiquement

Celle qu'il appelait alors sa Giuccioli.

Venise, la patrie classique des cœurs blessés,

faillit retenir lord Byron à plusieurs reprises. A l'un des séjours qu'il y fit, il avait loué le palais Mocenigo, sur le grand Canal. On sait qu'il traînait toujours avec lui un équipage de maison considérable; en s'installant à Venise, il dut déclarer à la douane : cinq voitures; neuf chevaux de main ; sept domestiques; un nombreux mobilier; sa bibliothèque tout entière; un boule-dogue terrible, qui lui servait de portier et qui le gardait des importuns ; quatre paons, emblème de sa vanité; des poules et des chats; enfin sa magnifique collection d'armes.

Si lord Byron se rangeait parmi les cœurs blessés, et certes il en avait le droit, du moins il était assez habile pour ne rien laisser paraître de sa blessure. J'en suis fâché pour la vieille et prude Angleterre, mais je dois avouer que, pendant tout le temps qu'il vécut à Venise, le noble lord mena une vie de *pulcinella* — On me dira que c'était pour s'étourdir. — Dans ce cas, il faut reconnaître qu'il ne négligeait rien pour arriver à son but. Il scandalisa les Vénitiens, qui n'étaient pas cependant faciles à scandaliser.

Précédé par son renom, il eut d'abord toutes les bonnes fortunes qu'il voulut dans la haute société. Il était alors dans toute la force et dans toute la grâce de l'âge : trente ans à peine, la taille bien prise, la physionomie expressive, un grand air, — avec une nuance de hauteur qui ne lui messayait pas, — les yeux prompts à briller, un front élevé, les tempes larges, la bouche et le menton d'une pureté grecque ; les cheveux très fins, disposés en boucles naturelles sur sa tête, qui jouait aisément sur un cou dégagé et parfaitement modelé. — Lord Byron avait des prétentions à la beauté de son cou.

— Soignez bien mon cou ! disait-il au sculpteur Bertolini, en posant complaisamment devant lui.

De même, Balzac disait au sculpteur David d'Angers :

— Soignez bien mon nez ! Il y a tout un monde dans mon nez !

J'ajouterai que Byron avait les dents petites, régulières et blanches, les mains coquettes, la voix harmonieuse et caressante. — Comment lady Byron avait-elle pu se séparer d'un type aristocratique aussi achevé ? — Le teint seul était d'une pâleur qu'il était permis d'attribuer aux excès de travail, excès d'amour. Mais cette pâleur le rendait encore plus intéressant aux yeux des femmes.

Si avertis que fussent les Vénitiens des excentricités de lord Byron, ils s'étonnèrent de ses promenades à cheval sur les dalles retentissantes de leurs rues et de leurs quais. Ce genre de sport, comme on dirait aujourd'hui, n'était pas entré dans leurs habitudes. Ils s'effarouchèrent également des orgies selon la formule britannique qu'il essaya d'acclimater chez eux, et des folles nuits de punch qui faisaient étinceler jusqu'au matin les vitres du palais Mocenigo. — N'était-il pas à la tête d'une réputation *satanique* à laquelle il avait un peu prêté les mains, et ne se répétait-on pas en tous lieux l'historiette du crâne monté en coupe à boire ?

Mais ce qui mit le comble à l'indignation des vertueux Vénitiens, — et ici le grief ne manque pas de comique, — c'est lorsque, délaissant le salon pour les faubourgs, Byron se prit à courir les amours vulgaires et à choisir une maîtresse dans les rangs du peuple. Venise lui avait toléré les descendantes des Doges, — elle ne lui pardonna pas Margarita Cogni *la fornarina* (la boulangère).

II

Comment avait-il connu cette Margarita Cogni ? L'histoire commence par une idylle : *Par une belle après-dinée d'automne...*

En 1817, il se promenait — toujours à cheval — sur les bords de la Brenta, en compagnie d'un de ses amis. Comme on traversait un village, ils virent venir au-devant d'eux les femmes de l'endroit, — enjouées et les saluant de leurs sourires.

Elles connaissaient lord Byron sous le nom de *l'Anglais* : elles savaient qu'il était galant et généreux, et que, tout récemment, à l'occasion d'une grande détresse, il avait fait distribuer quelques secours dans le pays. — Au nombre de ces femmes, lord Byron et son ami en remarquèrent deux qui étaient d'une beauté rare. Ils leur adressèrent la parole en dialecte vénitien, elles leur répondirent plus hardiment qu'ils ne s'y seraient attendu. L'une d'elles — c'était Margarita Cogni — alla même jusqu'à dire au noble insulaire :

— Vous qui faites tant de bien, vous devriez penser à nous.

— Ah! *cara*, lui répondit-il, tu te sais bien trop belle pour avoir besoin de mon secours.

— Si vous voyiez ma pauvre cabane, vous ne parleriez pas ainsi, répliqua-t-elle.

Tout cela avait été dit sur un ton de badinage, et il n'en fut pas autre chose le premier jour.

A peu de temps de là, le hasard (était-ce bien le hasard ?) ramena lord Byron dans le même village ; — il y rencontra les deux mêmes jeunes femmes ; on causa encore, plus explicitement. Il apprit que Margarita Cogni était mariée misérablement à un boulanger ; elle n'avait rien exagéré de sa situation. Il l'engagea à venir le voir au palais Mocenigo.

— La friponne était jolie, — a-t-il dans ses *Conversations avec M. Thomas Medwin*, — mais c'était bien le plus turbulent démon que j'aie jamais rencontré. Dès qu'elle se fût une fois frayé l'entrée de ma maison, elle y prit goût et ne voulut point en sortir. » Bientôt, ce

qui ne devait être qu'un caprice chez Byron devint insensiblement un amour des plus effrénés. Il avait trouvé en Margarita Cogni un piment *(peverino)* d'une espèce particulière.
— Ce fut alors qu'on eut le spectacle d'un gentleman, d'un pair d'Angleterre, se chamaillant publiquement avec une boulangère, et essuyant des bordées d'injures populacières. « Pendant un assez long espace de temps, a-t-il écrit, elle conserva sur moi un ascendant *qui lui fut disputé souvent, mais jamais enlevé.* » C'est précis.

La Fornarine eut bien vite fait d'organiser le vide autour de lui : elle ne pouvait souffrir aucune rivalité. A la Cavalchina, bal masqué de la dernière nuit du carnaval, où la foule est admise indistinctement, elle arracha le masque de madame Contarini, par la raison que Byron lui avait offet le bras. Le nom de Margarita Cogni est resté longtemps à Venise le synonyme de la « femme qui fait des scènes ».

Tout était désordonné en elle. Cependant qu'avec son extravagance elle ait éprouvé une véritable affection pour lord Byron, cela ne paraît pas douteux. Un autre exemple, dont

j'emprunte le récit au poète lui-même, donnera une idée de ses étranges façons d'aimer.
— La page est très belle :

« Un jour d'automne, allant au Lido avec mes gondoliers, nous fûmes surpris par une bourrasque, et la gondole courut des dangers. Les chapeaux étaient emportés, le bateau se remplissait, les rames étaient perdues ; — une mer roulante, le tonnerre ; la pluie à verse ; la nuit s'épaississant, et un vent furieux. Au retour, après une lutte terrible, je trouvai la Fornarine en plein air, sur les marches du palais Mocenigo, au bord du grand Canal ; ses yeux noirs étincelaient à travers ses larmes ; ses longs cheveux de jais détachés, trempés de pluie, couvraient ses sourcils et son sein.
— Exposée en plein à l'orage, le vent qui s'engouffrait dans ses habits les roulait autour de sa taille élancée ; l'éclair tourbillonnait autour de sa tête et les vagues mugissaient à ses pieds. Elle avait tout l'air d'une Médée descendue de son char. Me voyant sain et sauf, elle ne m'attendit pas pour me souhaiter la bienvenue, — et vociféra de loin :

— Ah! *gran can della madona!* (grand

chien de la madone) est-ce là un temps pour s'en aller au Lido ?... »

Une autrefois, pendant que lord Byron dînait et qu'il avait consigné sa porte, Margarita Cogni s'introduisit tout à coup dans la salle à manger, après avoir, par manière de prologue, brisé la glace du vestibule ; et, marchant droit à la table, elle s'y saisit d'un couteau pour s'en frapper. Dans l'espèce de lutte qui s'engagea entre elle et lui, lord Byron eut le pouce à demi-coupé. La vue du sang fit perdre la tête à Margarita : elle descendit les escaliers quatre à quatre, et, avant que les domestiques aient pu prévoir son dessein, elle se précipita dans le canal. Comme l'eau était peu profonde à cet endroit, — et qu'il y avait là une grande quantité de gondoles, — il fut facile de repêcher la Fornarine.

Néanmoins, on fit grand bruit de cette affaire dans le temps, et on accusa Byron de l'avoir jetée à l'eau. Tout est bon à la calomnie. Cela le poussa à de sérieuses réflexions, tellement sérieuses que la boulangère reçut son congé en bonne forme ; — il la renvoya à son mari, munie de bijoux et d'argent. — Vainement essaya-t-elle quelques tentatives de retour, mais elle se heurta à une volonté de Breton. Lord Byron ne la revit plus qu'à de lointains intervalles et sans lui adresser la parole.

Il ne reste de cette splendide furie qu'un portrait qu'il avait fait peindre au temps de leur intimité, et qu'il envoya à Londres comme un échantillon des admirables Vénitiennes.

III

Tout semblait bien fini pour Margarita Cogni après la mort de lord Byron. Elle était tombée dans l'oubli le plus complet, lorsque son nom vint à retentir soudainement dans les conditions les plus singulières.

Le 6 novembre 1834, le Théâtre-Français (de Paris) représentait pour la première fois, un drame en trois actes et en prose, intitulé : *Lord Byron à Venise*. — L'auteur imprévu était le dernier de qui l'on pût attendre une manifestation aussi romantique. C'était M. Ancelot (vous avez bien lu !), cet esprit doublement bourgeois, qui confectionnait successivement des tragédies et des vaudevilles.

La pièce avait été faite surtout en vue de madame Dorval, qui avait contracté un engagement avec le Théâtre-Français, — engagement imposé par l'opinion publique, et dont le Théâtre-Français était passablement embarrassé. Comme on le sait, le jeu de madame Dorval rompait avec la tradition ; il lui fallait des créations exceptionnelles. Qui donc avait pu penser pour elle à un rôle taillé dans le personnage de Margarita Cogni ? J'ai toujours été tenté de faire honneur de cette initiative à madame Georges Sand, qui se trouvait précisément à Venise vers cette année-là, et qui avait pu entendre parler de la Fornarina.

Mais pour mettre à la scène cette dramatique figure, il ne fallait rien moins qu'un Alexandre Dumas, un Alfred de Musset ou un Mérimée. Il est vrai que ces excellents auteurs auraient demandé du temps, et madame Dorval était pressée. On lui avait indiqué Margarita Cogni, elle n'eut plus de repos qu'elle n'eût eu sa Margarita Cogni ; — elle se jeta sur le digne M. Ancelot, qui se mit en quatre pour la satisfaire, mais qui, malheureusement n'aboutit qu'à un ouvrage absolument ridicule. L'honnête littérateur avait introduit dans l'action lady Byron, qui venait tenter, à Venise, une réconciliation avec son époux, et qui se trouvait en face du poignard de Margarita Cogni.

En ce qui concerne celle-ci, M. Ancelot avait utilisé tous les documents connus, et principalement la baignade dans le canal. Au dénouement, lorsque lord Byron part pour la Grèce, elle obtient la permission de l'accompagner, — commme le page de *Lara*.

Assurément, si ce drame informe avait pu être sauvé, il l'aurait été par madame Dorval. « Avec quelques lignes, — dit la *Revue du Théâtre*, — elle a trouvé moyen de remuer l'auditoire et d'obtenir de triples salves d'applaudissements. » Malheureusement, tout était réuni pour condamner le drame. Savez-vous, par exemple, qui est-ce que l'on avait choisi pour jouer Byron, cet homme de toutes les séductions et de toutes les élégances, ce dandy légendaire ? Ligier, la laideur incarnée ! Ligier, le Triboulet et le Glocester du répertoire moderne. On l'avait affublé, ce Ligier, d'un habit noir, et on l'avait lancé à travers toutes ces passions, toutes ces folies, tous ces plaisirs et tous ces vices dont il ignorait le premier mot. Et jugez combien on riait au nez de Ligier fagoté en lord Byron ! On en rit tellement qu'à la fin, Ligier se retrouva tout entier ; et comme M. Ancelot, à la dernière scène, lui avait donné une chaleureuse tirade à déclamer, il la lança à son tour au nez du public avec un emportement et une énergie qui rendirent le public presque confus de son irrévérence :

> Ah ! que mon cœur se glace avant que je t'oublie,
> Pays aimé du ciel, noble et belle Italie !
> Que j'ai versé de pleurs sur ta captivité,
> Vieux berceau de la gloire et de la liberté !
> Toi, des grands souvenirs, mère auguste et féconde;
> Ton histoire fatale est l'histoire du monde...
> Mais de tes fers tu secoueras l'affront,
> Reine de la beauté, reine de l'harmonie !
> Dans tes champs consolés les héros renaîtront,
> Et ta couronne rajeunie
> D'un immortel éclat brillera sur ton front!
> Et toi, Venise, adieu !... Sur cette mer tranquille,
> Debout comme un vaisseau sur son ancre immobile,
> Tu m'apparais...

Suit la vision de l'avenir, et enfin, la prosopopée, le morceau de bravoure :

> Mais lorsque, demandant du sang au lieu de larmes,
> De longs rugissements t'appelleront aux armes,
> Pour d'autres opprimés morts en d'autres climats,
> Au fond de mon cercueil, je ne t'entendrai pas...
> De mon dernier adieu, souviens-toi donc, Venise !
> On ne doit point pleurer sur sa chaîne, — on la brise !

Pourquoi ces vers généreux venaient-ils si tard ? la partie était perdue.

D'autres bons artistes, tels que Monrose père, Mirecour, MM. Noblet, étaient pareillement égarés dans cette bataille, qui n'eut pas de lendemain.

Pourtant, *Lord Byron à Venise* est imprimé ; M. Ancelot n'a pas voulu en avoir le démenti.

QUINZE LETTRES INÉDITES

DE

VICTOR HUGO

Quinze lettres ou plutôt quinze billets, car Victor Hugo a toujours eu la correspondance laconique. Je n'aurais jamais songé à livrer à l'impression ces menus témoignages d'une glorieuse amitié ; je me promettais de les conserver toute ma vie dans un coffret particulier, — pour lequel je rêvais un ciseleur romantique, — comme on garde les reliques précieuses d'un temps regretté. Mais un ami en qui j'ai eu une sérieuse confiance est d'un avis différent ; il m'a assuré que leur publicité pourrait servir à la mémoire du grand poète en accusant un de ses côtés les moins connus : le côté simple et bonhomme. Je me suis laissé persuader.

On ne connaît, en effet, que le Victor Hugo officiel, solennel, grandiloque, celui qui cause avec la *bouche d'ombre*, ou qui, s'adressant à Dieu, lui dit sur un mode extra-humain :

Et maintenant, Seigneur, expliquons-nous tous deux !

Il y en a un autre. Je n'avancerai pas que celui-ci est aussi intéressant, loin de là ; mais il se rattache davantage à l'humanité ; il est plus à la portée des petits et des délicats ; c'est celui qui s'est délassé de la *Légende des Siècles* en signant les *Chansons des rues et des bois* ; c'est l'homme que ces billets vont faire connaître.

Ce préambule était nécessaire à cette fin d'avertir mes lecteurs que les susdits billets ne sont autre chose que... des invitations à dîner.

Hélas ! sous quelle étoile suis-je donc né ? Pourquoi faut-il que toujours une idée gastronomique se trouve mêlée à mes sensations les meilleures et même les plus raffinées ? C'est une fatalité, que j'ose à peine maudire...

*
* *

Mes relations avec Victor Hugo ont été tardives ; elles datent d'après la guerre, alors qu'il demeurait rue Pigalle ; elles ne se sont plus interrompues qu'à sa mort. J'avais écrit sur lui à diverses reprises ; il me répondit, comme il faisait toujours, avec son imperturbable politesse. J'en pris texte pour aller le voir, il me retint. De là, ces petits billets que je reçus pendant dix ans, ces petites boutades en quelques lignes, qui font penser à Voltaire écrivant à Bernard.

Les premières invitations sont de l'année 1873. D'abord mensuelles ou à peu près, elles prennent bientôt une certaine fréquence. Elles sont brèves comme celles-ci que je prends au hasard :

« Voulez-vous venir dîner avec nous lundi ? Nous nous rappelerons les beaux jours d'autrefois.

» Votre ami,

» Victor Hugo. »

« Lundi, 6.

» Donnez-moi la joie de vous voir. Venez dîner avec moi vendredi, 10, à sept heures et demie.

» Je vous presse les mains,

» Victor Hugo. »

Puis l'intimité se forme, les billets ne sont plus cérémonieusement signés en toutes lettres :

1ᵉʳ mars.

» N'oubliez pas que, jeudi, le plus sacré des plaisirs (je vous prends par vos paroles) vous attend rue Pigalle, à sept heures.

» *Tuus.*

» V. H. »

C'est à partir de ce moment que je pus étudier à l'aise celui que la jeune génération a appelé tantôt le *maître*, tantôt le *père*. On ne se doute pas des trésors d'affectuosité que renfermait ce grand esprit lorsqu'il consentait à se livrer. L'heure du dîner était pour lui son heure de détente. Il s'abandonnait alors à une causerie familière. Le rire était plus facile qu'on n'aurait cru. Sans avoir la plaisanterie grasse (la suprême distinction de sa nature s'y opposait), il aimait le badinage, à la façon des lettrés du xviiie siècle. Dirai-je qu'il trouvait en moi un modeste partenaire! Je n'aurai pas cette prétention ; mais je ne saurais oublier qu'elle complaisance il apportait à me le laisser croire, et avec quelle bonne grâce il me renvoyait le volant sur une raquette ayant évidemment appartenu à Diderot ou à Collé.

Sur ces entrefaites, la mort de François-Victor Hugo mit un temps d'arrêt à nos réunions. Ce ne fut que le 8 janvier 1874 que je reçus le billet suivant :

« Mon doux et charmant confrère, n'oubliez pas que la rue Pigalle vous attend ce soir. Notre deuil a besoin du sourire triste et bon d'un ami tel que vous. Quelle page exquise vous avez écrite sur la question *chapeau mou* et *omnibus!* Que c'est charmant un esprit qui a du cœur.

» *Tuus.*

» Victor Hugo. »

La question *chapeau mou* et *omnibus* se rapporte aux sarcasmes auxquels il était en butte à propos de la coiffure qu'il avait adoptée depuis son retour en France, et à propos aussi de ses longues courses sur l'impériale des omnibus. Quelques personnes se représentaient difficilement l'ancien pair, le comte Hugo, dans cet équipage démocratique.

Le billet du 27 janvier contient un coup de patte à l'Académie française ; c'était de tradition chez lui ; il était coutumier de ces petites malices :

« Mardi, 27.

» Hélas ! mon cher confrère, nous ne nous verrons pas jeudi ! Notre chère et charmante hôtesse est au lit, en proie à une grippe des plus violentes. Je comptais aller le matin à l'Académie, et passer la soirée avec des gens d'esprit ; je n'aurai que la première moitié. Jugez de mon désappointement.

» A bientôt, j'espère.

» V. H. »

Quelque temps après, il transportait ses pénates de la rue Pigalle à la rue de Clichy. Pendant le déménagement, il m'écrivait :

» 14 avril.

» Je m'ennuie. De quoi? de ne pas vous voir. Quel bête de déménagement ! Comme c'est long ! Voulez-vous venir tout de même dîner avec moi? quel jour? samedi. Toujours rue Pigalle, car la rue de Clichy ressemble à Délos : elle flotte à l'horizon et a l'air de s'éloigner quand on s'approche. Telle est la magie des tapissiers.

» C'est égal, mon charmant confrère, nous comptons sur vous samedi 18.

» *Ex intimo corde.*

« V. H. »

» Vendredi, 13.

» Vous savez le mot espagnol *esperar ;* il veut dire *attendre* et *espérer.* C'est notre histoire d'hier; mais vous n'êtes pas venu. Vous nous devez pour revanche tous les jeudis de l'avenir. Donc, nous vous attendrons jeudi prochain, et ainsi de suite, à perte de vue !

» V. H. »

L'excellent homme ! on va le voir maintenant, insister en vers :

« Que chez nous désormais chaque jeudi t'amène !
Et je m'adresse à Dieu lui-même et je lui dis :
    Fais-nous la semaine
    Des quatre jeudis.

» V. H. »

Je saurais difficilement rendre l'épanouissement qui se fit en moi à la réception de ce quatrain. J'avais inspiré des vers à Victor Hugo, moi, moi! Il m'adressait des vers, comme si j'étais Louis Boulanger ou Théophile Gautier. Tout ce que j'avais rêvé dans ma jeunesse!

Cette période de séjour dans la rue de Clichy fut la plus heureuse, à mon sens. La politique n'y était encore représentée que dans des proportions raisonnables. C'était le temps de Louis Leroy et de Banville, pleins de verve tous les deux; de Renan, dont le fond joyeux commençait à se manifester; de Flaubert qui n'engendrait pas la mélancolie, de bien d'autres encore, qui faisaient de la table des jeudis une table unique, et dont l'équivalent ne saurait se rencontrer qu'en remontant à la table du baron d'Holbach. Et les réceptions qui suivaient! comme elles étaient amusantes! Les poètes s'y amenaient par bandes. J'avais obtenu des immunités exceptionnelles: par exemple, on m'enfermerait dans un placard pour fumer.

Eh bien! malgré cela, je trouvais quelquefois le moyen de n'être pas exact à ces aimables festins. Pourquoi? le sais-je moi-même! Alors, c'était de la part de l'illustre amphitryon des reproches discrets, quelquefois en trois lignes, comme celles-ci ;

« Nous vous aimons et nous vous attendons toujours. Vilain absent, charmant présent ! »

Et ce sont les recommencements les plus tendres du monde :

» Lundi, 26.

» Si vous vous souvenez encore qu'il existe quelque part un être appelé V. H. — H. V. (*achevé*, c'est-à-dire fini,) venez donc dîner avec lui dans son ombre, rue de Clichy, jeudi 29.

» Sommation affectueuse. »

« 19 mai, mardi.

Je vous ai écrit. Vous étiez absent. Etes-vous de retour, mon cordial et charmant confrère? La rue de Clichy vous réclame pour dette. Nous vous attendons à dîner après-demain jeudi, à sept heures et demie.

» *Tuus*,

» V. H. »

On me signale à Paris :

« Vous êtes en flagrant délit de retour. Donc le bonhomme Jadis — lisez le bonhomme Jeudi — vous réclame. C'est pourquoi, à demain. Ne dites pas non.

» V. H. »

Mais je retombe dans mes incorrigibles manques de promesses. Un moment, la patience semble échapper à mon illustre ami :

« 4 octobre, vendredi.

« Vous êtes un vilain, comme dit Jeanne; tout le monde chez moi vous adore, mais vous êtes récalcitrant et vous voulez garder votre indépendance. Hé bien! soit, homme farouche. Votre couvert sera mis tous les jeudis, et nous verrons si, comme la Tour d'Auvergne, vous répondrez : Présent! Nous ne vous attendrons jamais, mais nous vous espérerons toujours.

» V. H. »

J'avoue que cela devait être impatientant, à la longue. Ah! comme à sa place j'aurais vivement lâché un bonhomme aussi insupportable que moi. Mais il était écrit que cette excellente nature resterait indulgente jusqu'à la fin.

« ... J'ai bien envie de vous gronder. Pourquoi ne plus me voir? Que vous ai-je fait? Ce que vous imprimez de moi, je le dis de vous. Je vous aime, je vous désire, je vous réclame...

» *Tuus,*

» Victor Hugo. »

Il datait et signait rarement ses lettres autrement que par ses initiales. Celle-ci exceptionnellement est signée et datée : 7 octobre 1879, Paris.

A ce moment, nous sommes à la maison de l'avenue d'Eylau, qui sera prochainement l'avenue Victor Hugo. Mais déjà les dîners du jeudi ont commencé à changer de physionomie. Le maître est entré au Sénat. Si ce n'était que cela! Le Sénat était un abri paisible, propre aux douces rêveries. Mais Victor Hugo était entré aussi dans la politique active. Il croyait se devoir à tout le monde. Tous les jours on venait le chercher pour présider quelque réunion publique, tantôt dans une salle de spectacle, tantôt dans un amphithéâtre de cirque. L'intimité de sa salle à manger se vit insensiblement violée. C'était Spuller qui arrivait inopinément au nom de tel ou tel groupe de députés; c'était Clémenceau qui avait une communication importante à lui faire. Et le pauvre grand homme de se laisser entraîner dans un coin du salon pour aller causer proposition et amendement. Que de gens auront à se reprocher de l'avoir surmené ainsi !

Il m'écrivait plus rarement. C'étaient madame Drouet ou madame Lockroy qui se chargeaient de m'inviter.

Un des derniers billets tracés de sa main m'attrista plus que je ne saurais l'exprimer. Il y était dit :

« ... Je sais que vous m'aimez un peu. Etre aimé, j'ai besoin de cela avant de mourir. Or, avant que je meure, dînons ensemble, je vous le demande, ô cher et charmant poète.

Tuus,

« Victor H. »

Ce fut le dernier billet de lui que je reçus.

FIN

TABLE DES MATIÈRES

D'un souper offert par Balzac. 1
Les pendules du vicomte d'Arlincourt. 12
Le général Hugo. 27
Louis Desnoyers. 35
Les confidences de Mérimée 49
Souvenirs d'Auguste Barbier. 57
La canne de Robespierre 67
Le duc de Broglie 77
Victor Hugo musicien. 87
Wagner s'amuse. 95
L'idylle noire 103
Directeur de théâtre 113
Armand Barthet et Armand Baschet. 127
Une lecture chez Brebant. 141
Chez Sainte-Beuve. 155
La fin d'un comédien 167
Auguste Lireux 179
Jacquot. 193
Un dîner chez madame veuve Cliquot. 209
Le gendre de M. Poirier. 225
Timothée Trimm. 239
Margarita Cogni. 255
Quinze lettres inédites de Victor Hugo 269

www.ingramcontent.com/pod-product-compliance
Lightning Source LLC
Chambersburg PA
CBHW050643170426
43200CB00008B/1139